스타트업을 위한
나의 첫
세무수업

스타트업을 위한 나의 첫 세무 수업

초판 1쇄 인쇄 2025년 09월 10일
   1쇄 발행 2025년 09월 20일

지은이 조문교

펴낸이 우세웅
책임편집 한홍
경영지원 고은주
북디자인 김세경

종이 페이퍼프라이스㈜
인쇄 ㈜다온피앤피

펴낸곳 슬로디미디어
출판등록 2017년 6월 13일 제25100-2017-000035호
주소 경기 고양시 덕양구 청초로66, 덕은리버워크 지식산업센터 A동 15층 18호
전화 02)493-7780 **팩스** 0303)3442-7780
홈페이지 slodymedia.modoo.at **전자우편** wsw2525@gmail.com

ISBN 979-11-6785-280-9 (03320)

글 ⓒ 조문교, 2025

※ 이 책은 저작권법에 의하여 보호받는 저작물이므로 무단 전제와 무단 복제를 금합니다.
※ 잘못된 책은 구입하신 서점에서 교환해 드립니다.

※ 슬로디미디어는 여러분의 소중한 원고를 기다리고 있습니다.
   wsw2525@gmail.com 메일로 개요와 취지, 연락처를 보내주세요.

투자받는 스타트업, 비결은 바로 세무에 있다

스타트업을 위한 나의 첫 세무 수업

조문교 지음

추천사

김경환
법무법인 민후 대표변호사

 스타트업 운영에서 세금은 가장 어려운 문제다. 이 책은 저자의 풍부한 경험을 바탕으로 스타트업 입장에서 세금을 이해하고 세금 문제를 해결할 수 있는 길을 쉽게 제시하고 있어서, 스타트업의 든든한 동반자로서 회사의 안정적인 성장을 위한 필독서라 할 수 있다.

이치형
삼일회계법인 파트너, 공인회계사/세무사

 이 책은 스타트업 창업자의 눈높이에 맞춘 최고의 세무 입문서입니다.
 복잡한 세법을 조문교 세무사의 뛰어난 전문성과 실무 경험을 바탕으로 쉽게 풀어내어, 바로 사업에 적용할 수 있게 도와줍니다. 효과적인 세무 리스크 관리는 물론이고, 무엇보다 중요한 성공적인 투자 유치를 위해 투자자의 신뢰도까지 높이는 스마트한 전략이 담겨 있습니다.
 회사에 별도 세무팀이 없더라도, 대표 스스로 기본을 탄탄히 다질 수 있는 기회!
 미래의 유니콘 기업으로 성장할 스타트업 대표라면 반드시 읽어야 할 첫 번째 세무 책입니다.

김우철
연세대학교 공과대학 기계공학부 교수, 주식회사 바이오히트 대표이사

분명히 딱딱한 세무 지식을 전달하는데, 소설처럼 잘 읽히고 이해도 잘 되는 책입니다. 글을 쉽게 읽히게끔 쓰는 것은 어려운 일인데, 조문교 세무사님께서 오랜 기간 일하면서 쌓은 전문적인 지식의 깊이 때문이라고 생각합니다. 쉽게 이해되는 책을 써주셔서 감사한 마음입니다.

정사은
앤틀러코리아 파트너

스타트업은 혁신을 통해 세상을 바꾸는 여정인 동시에, 냉혹한 숫자의 세계에서 가치를 증명하고 수익을 창출해야 하는 과정이기도 합니다. 이 책은 세무가 비용 절감을 넘어 어떻게 생존과 성장의 핵심 무기가 되는지 제시하며, 투자자들이 어떤 숫자에 주목하고 어떤 재무적 신뢰를 원하는지에 대한 심도 있는 분석을 통해 투자 유치를 준비하는 모든 스타트업에 좋은 나침반이 되리라고 생각합니다. 세무의 본질을 꿰뚫는 필자의 혜안이 담긴 이 한 권의 책이 당신의 스타트업 여정에 든든한 동반자가 되어 성공적인 엑시트를 앞당기는 결정적인 역할을 하길 바랍니다.

프롤로그

 이 책은 스타트업을 위한 책이다. 스타트업의 최대 관심사는 바로 자금 조달이다. 스타트업은 데스밸리를 넘고 생존하기 위해 자금을 조달해야 한다. 투자 유치나 정책 자금, 지원금을 통해 자금을 모으려면 결국 세무가 중요하다. 세무는 절세만을 위한 도구가 아니며, 자금 조달에도 결정적인 영향을 미친다. 그러므로 세무에 관심을 가지고 체계적으로 관리해야 한다. 하지만 세무는 어렵고 복잡하다. 다들 세무가 중요하다는 것은 알지만, 대부분의 창업자가 외부 세무 대리인에게 맡기고 알아서 해주기만 바란다. 하지만 스타트업으로 성공하고 싶다면 세무 문제를 외면할 수 없다. 살아남길 원한다면 이제는 세무와 친해져야 한다.
 이 책에서는 어렵고 복잡한 세무를 쉽게 설명했다. 기초 지식이 없더라도 누구나 이해할 수 있게 쉽게 풀어놓았으며, 세법 이론 대신 현실에서 스타트업이 자주 겪고 많이 고민하는 문제에 중점을 두었다. 초기 스타트업부터 투자 유치에 성공한 스타트업을 비롯해, 창업을 준비하는 대표와 회계 담당자 모두에게 도움이 되는 책이다. 각 회사의 특성에 따라 자금 조달 방식은 다를 수 있다. 이 책으로 세무를 공부한 후 각 회사의 상황에 맞게 적용해보면 큰 도움이 될 것이다.
 스타트업 세무에 대해 총 5장으로 나누어 설명했다. 세무는 스타트업 생존을 위한 무기다. 1장에서는 세무의 기본 개념과 스타트업에 세무가 왜 중요한지 설명했다. 스타트업이 알아야 할 세금은 법인세, 소득세, 부가가치세다. 2장에서는 3가지 세금에 대한 절세의 본질과 구체적인 절세 방법을 살폈다. 많은 스타트업이 가장 관심을 가지는 부분이 바로 투자 유치로, 투자를 받아야 생존도 하고 스케일업도 할 수 있다. 3장에서는 스타트업의 투자 유치에 필요한 세무와 관리 방법을 설명했다. 스타트업이 투자받고 성장하는 과정에서 중점적으로 관리할 세무 포인트가 달라진다. 4장에서는 투자 및 성장 단계별로 중점적으로 관리할 세무 포인트를 알아보았다. 자금은 스타트업의 피와 같다. 자금이 조달되지 않으면 아무리 비즈니스 모델이 좋아도 생존할 수 없다. 자금을 조달하려면 투자를 받을 수도 있지만 정책 자금과 정부 지원금도 있다. 5장에서는 스타트업의 다양한 자금 조달 방법과 사례를 설명했다.

필자는 스타트업으로 인해 세상이 조금씩 나아지고 있다고 믿는다. 스타트업의 아이디어와 새로움을 추구하는 방식으로 새로운 기술과 혁신적 서비스가 많이 생겨나고 있다. 그들로 인해 삶에 더 많은 가치가 더해지는 것이다. 하지만 살아남는 스타트업은 많지 않다. 스타트업의 꿈을 펼치기 위해서는 우선 살아남아야 한다. 필자는 많은 스타트업을 만나본 경험을 토대로, 세무적으로 놓치거나 정말 필요로 하는 부분을 알려주고 싶다. 스타트업이 살아남을 수 있게 도움을 주고, 진심으로 응원하고 싶다.

스타트업은 고난의 연속이다. 지금 하는 사업이 뜻대로 잘되지 않더라도 부디 절망하지 말길 바란다. 스타트업이 한 번에 성공한 경우는 거의 없다. 여러 번의 실패를 바탕으로 다양한 경험을 쌓아야 어느 순간 대박이 터지는 것이다. 실패를 실패로만 보지 않고 한 단계 성장할 기회로 보는 것은 관점과 태도의 차이다. 투자 유치가 잘되지 않고, 믿었던 직원에게 배신당하고, 혼신의 힘을 다해 만든 제품이 시장에서 당장은 반응을 얻지 못해도 버텨야 한다. 누구나 겪는 과정이고, 이를 겪어야 성장한다. 어려움이 있어야 고민과 노력을 기울이고, 그 틀을 깨고 나와야 날개를 펼칠 수 있듯이 말이다.

조문교

차 례

추천사 …… 4

프롤로그 …… 6

1장 세무 모르고 스타트업 하지 마라	no.
1. 사업하기도 바쁜데 세무까지 알아야 할까?	13
2. 초기 스타트업일수록 세무가 더 중요한 이유	18
3. 창업 초기, 세무 리스크를 방치하면 벌어지는 일들	22
4. 회계와 세무의 차이는?	27
5. 개인사업자 vs. 법인, 무엇이 스타트업에 유리할까?	32
6. 나에게 맞는 세무사 찾는 방법	37
7. 세무사 200% 활용법	40

2장 성공적인 스타트업 절세의 기술	no.
1. 법인세, 소득세, 부가가치세: 스타트업이 꼭 알아야 할 세금 3종 세트	49
2. 절세는 단순한 비용 절감이 아니다: 스타트업 절세의 본질	60
3. 비용 처리의 기술: 어디까지가 사업 경비일까?	64
4. 절세 혜택 놓치지 않기: 스타트업이 활용할 수 있는 세액공제, 감면	71
5. 모르면 손해, 창업하고 5년간 세금 한 푼도 안 내는 제도	79
6. 사업용 차 타고 최대로 절세하는 방법	85
7. 대표는 급여 vs. 배당, 과연 얼마가 적절할까?	90
8. 불필요한 가산세만 안 내도 돈 버는 셈이다	97

3장 투자 유치의 결정적 순간, 세무가 승부를 가른다

	no.
1. 스타트업 투자의 본질부터 이해하라	107
2. 투자자들이 주목하는 숫자들, 투자 유치 핵심 포인트	114
3. 기업가치 평가에서 세무가 신뢰를 결정하는 이유	119
4. 모르면 끌려다니는 투자 협상의 필수 확인 사항	124
5. 투자 유치에 유리한 재무제표란?	129
6. 아는 사람에게만 보이는 재무 지표 관리	134
7. 엔젤 투자 유치 시 알아야 할 벤처 투자 소득공제	140

4장 1%만 아는 투자 단계별 세무 관리 포인트

	no.
1. 투자 준비 단계: 세무도 전략적으로 준비하라	149
2. 투자 준비 단계: 투자받기 전 필수인 법인 전환 방법	153
3. 프리 A단계: 투자자 신뢰를 무너뜨리는 가지급금	158
4. 시리즈 A단계: 내부 회계팀은 언제 꾸리는 게 좋을까?	163
5. 시리즈 B단계: 외부 감사와 재무 실사, 어떻게 준비해야 할까?	169
6. 시리즈 C단계: 잘나가던 기업, 세무조사 한 번에 무너진다	175
7. 엑시트 단계: 주식 거래 잘못하면 큰코다친다	181
8. 엑시트 단계: 엑시트하면 세금이 얼마나 나올까?	186

5장 생존을 위한 자금 조달 방법 및 사례 분석

	no.
1. 생존을 위한 필수 도구: 현금흐름 관리	197
2. 자금 조달을 위한 5가지 방법	203
3. 투자 유치, 정책 자금, 정부 보조금 중 나에게 맞는 방법은?	211
4. 자금 조달 성공 사례 분석: 세무 관리가 승부를 가른 순간	216
5. 스타트업 절세 성공 사례: 돈을 버는 것이 아닌 지키는 법	222
6. 냈던 세금을 돌려받는 방법	228
7. 받을 수 있는 고용 지원 혜택 최대로 활용하기	231
8. 돈이 없어도 동기부여하는 방법: 스톡옵션 세제 혜택	238

1장

세무 모르고 스타트업 하지 마라

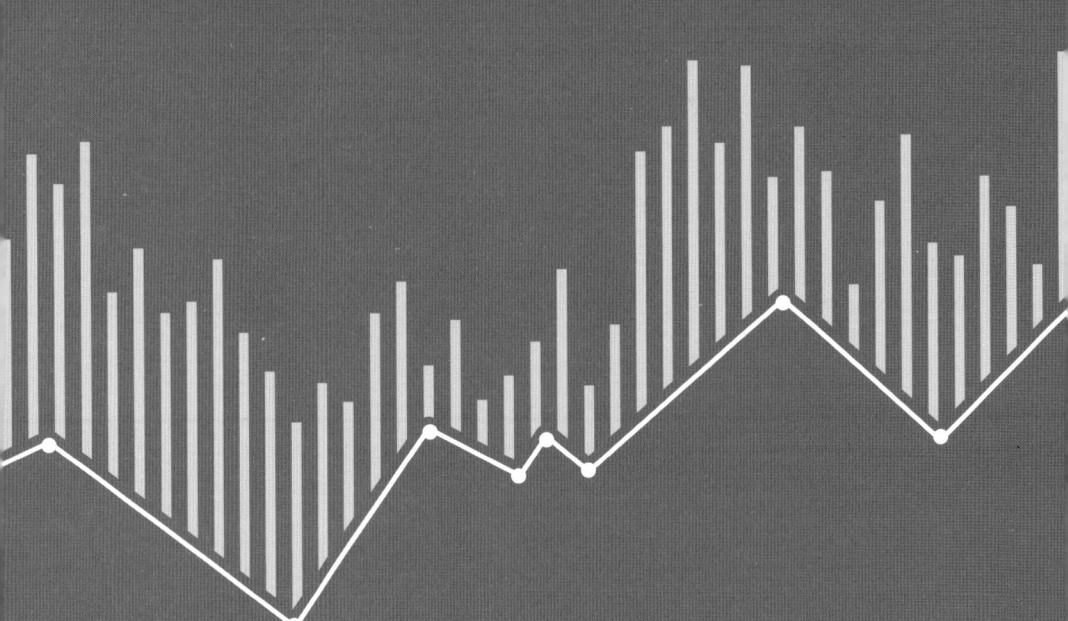

01 사업하기도 바쁜데 세무까지 알아야 할까?

☞ "세무사님, 앞으로는 세무는 전부 알아서 해주세요. 전 사업에만 집중하고 싶어요."

스타트업 대표와 이런저런 세무 상담을 하다 보면 이렇게 말하는 경우가 많다.

세무가 너무 복잡하고 어려우니, 이해할 만하다. 그리고 스타트업 대표는 개발, 마케팅, 영업 등등 여기저기 신경 쓸 일이 너무 많아 몸이 열 개여도 모자랄 판이다. 그런데 세무까지 신경 쓰려니 외면하고 싶을 것이다. 또 세무 용어는 왜 이리 어려운 것일까? 각사업연도소득, 세액공제, 이월결손금, 매입세액 등등, MZ 신조어도 어렵다지만 이보다는 쉬울 것이다.

간혹 높은 수준의 회계 지식을 가진 대표도 있다. 하지만 세무 지식을 가진 대표는 거의 없다. 대학교 때 회계 수업을 들었거나, 관련 교양책을 읽었거나, 주식 투자를 위해 회계 공부를 해본 적은 있을 것이다. 어떤 면에서 회계는 교양이고 상식의 영역이다. 하지만 세무는 좀 더 전문적인 영역이다. 학창 시절 회계사나 세무사 시험 공부를 하지 않았다면 굳이 세무를 접할 이유가 없다.

그러나 우리나라에서 사업을 하려면 세무는 필수다.

☞ "대표님, 세무도 사업의 한 부분이에요. 세무를 모르고 어떻게 사업하시

게요?"

사업에만 집중하고 싶다는 대표에게는 늘 이렇게 답변한다. 성공적으로 사업을 성장시키기 위해 필수적인 세무 지식은 반드시 알아야 한다. 세무는 결국 돈과 관련되므로, 세무를 알고 사업하는지 여부에 따라 그 결과는 크게 달라질 수 있다.

☞ "법이 어려워서 이과 갔는데 세법 공부하게 생겼네요. 대표는 세무를 어디까지 알아야 하는 거예요?"

대표가 세무를 알아야 한다고 하면 이런 질문을 받는데, 물론 대표가 세무 신고를 직접 처리할 정도로 전문 지식을 보유할 필요는 없다. 대표는 세무 업무를 외부 세무사에게 의뢰하거나 내부 회계 직원에게 맡기고 업무 진행 상황과 결과를 보고받으면 된다. 이때 대표가 세무 지식이 있어야 세무사 혹은 회계 직원이 보고한 내용을 충분히 이해할 수 있고 더욱 효율적으로 일을 맡길 수 있다. 따라서 어느 정도의 세무 지식은 반드시 필요하다.

만약 대표가 세무 지식이 없으면 보고받아도 무슨 내용인지 이해할 수 없고 잘못된 의사결정을 내릴 수도 있다. 그러면 생각지도 못한 세무 리스크가 발생하기도 하고, 안 내도 될 추가 세금을 낼 수도 있다. 결국 세무와 관련한 최종 의사결정은 대표의 몫이다. 외부 세무사나 내부 회계 직원이 세무 업무를 대신해줄 수는 있지만 내 사업을 전부 책임져주지는 못한다.

☞ "사업을 하며 발생하는 모든 일은 결국 대표가 해결해야 하는 문제다."

필자도 사업을 하며 항상 이 말을 가슴에 품고 산다. 사업을 하다 보면 정말 다양한 문제가 발생한다. 직원이 갑자기 퇴사하거나, 고객 컴플레인이 들어오거나, 시스템 오류가 발생하기도 한다. 미처 예기치 못한 사고가 일어날 때마다 대표가 해결해야 하고 책임져야 한다. 괜히 직원 탓, 고객 탓, 상황 탓을 해봐야 소용없다. 모든 일이 내 책임이라고 생각하면 오히려 마음이 편해지고 문제 해결에 더욱 집중할 수 있다.

세무도 마찬가지다. 결국 세무도 대표의 책임이다. 세무가 어렵다고 책임을 회피해서는 안 된다. 대표가 세무에 신경을 안 쓴다면 자칫 과도한 세금을 물 수 있고 세무 리스크를 키워 세무조사를 받을 수도 있다. 제품 개발과 마케팅을 잘해서 매출이 많이 발생하더라도 세무 문제가 발생하면 사업이 한순간에 어려워질 수 있다. 세무조사를 받아 기존의 문제가 발견되면 한꺼번에 세금폭탄을 맞기도 한다.

또한 그동안 노력해서 키워온 회사 이미지, 제품 브랜드도 한순간에 실추된다. 유명 연예인이나 잘나가던 기업이 세무조사로 이미지가 나빠지는 사례는 종종 보았을 것이다. 의도적으로 탈세한 경우도 있겠지만, 대표가 세무 지식이 없어서 의도치 않게 탈세한 것처럼 된 경우도 있을 것이다. 하지만 잘 몰랐다고 해서 탈세가 아닌 것도, 대표가 책임이 없는 것도 아니다. 설령 외부 세무사나 내부 회계 직원의 실수로 세무 문제가 발생했어도 책임은 결국 대표가 져야 한다. 대표는 어떤 상황에서도 회사 이미지를 회복시키고 자금을 조달하고 매출을 증대시키는 역할을 해야 한다. 그러므로 어렵고 골치 아프다고 세무 공부를 미루기만 할 순 없다.

대표는 사업을 총괄하는 역할이기에 신경 쓸 일이 많고 늘 바쁘다. 하지만 세무에 관심을 가지고 차츰 지식을 쌓아나가며 처리하다 보면 자연스럽게 세무에 대한 이해도가 높아질 것이다. 따라서 세무에 관심을 가지는 것이 첫걸음이다. 우선 세무에 마음을 열어야 하는 것이다.

☞ "세무는 대표인 내가 챙겨야지, 직원들에게 맡기니 자꾸 문제가 생기더라고요."

어느 정도 사업 경력이 있고 사업을 잘 꾸리는 대표라면 이렇게 말한다. 경험에서 우러나온 스타트업 선배들의 진심 어린 조언을 새겨들을 필요가 있다.

☞ "예전에 회계사 공부를 해봐서요. 세무 업무는 직접 다 할 수 있을 거 같아요."

간혹 이렇게 의욕이 넘치는 스타트업 대표도 있다. 대학교 때 회계 공부를 해서 회계, 세무 지식이 나름 풍부하다는 대표도 있다. 심지어 사업 초기에 사업 자금이 부족하니, 외부 세무사를 이용하지 않거나 회계 직원을 채용하지 않겠다는 대표도 있다. 하지만 대표가 모든 것을 직접 처리하는 것은 절대 추천하지 않는다. 대표는 사업을 하는 사람이다. 사업은 회사가 보유한 인적, 물적 자원을 효율적으로 활용하여 최대한의 성과를 만들어내는 것이다. 설령 대표가 세무사만큼의 세무 지식을 보유하고 있어도, 세무 업무는 외부 세무사에게 맡기고 대표는 사업을 성장시키는 데 시간을 쏟는 것이 현명하다.

필자 주위의 스타트업 대표 중에는 회계사 출신도 몇 명 있다. 그들이 할 줄 몰라서 직접 세무 신고를 안 하는 것이 아니다. 대표는 전략 기획, 제품 개발, 마케팅, HR, 운영 등 관여할 분야가 너무 많고 중요한 의사결정을 해야 한다. 그러니 모든 세무 실무까지 직접 하는 것은 비효율적이다. 물론 사업 초반에는 내부 회계팀을 꾸릴 여유가 없으니 세금계산서 발행, 증빙 취합, 자금 이체 등 경리 업무를 대표가 직접 할 수밖에는 없는 것이 현실이다. 하지만 대표가 장부 작성, 급여 계산, 4대 보험 신고, 원천세, 부가세 신고 등 세무 업무를 직접 하면 시간이 너무 많이 들고 ROI 투자수익률가 낮아져 결국 회사 인적 자원을 비효율으로 사용하게 된다. 게다가 세법은 매년 바뀐다. 과거에 알았던 세법이 현재는 유효하지 않을 수 있다. 사업을 운영하면서 앞으로도 매년 바뀌는 세법까지 공부할 수 있을까?

결국, 대표는 세무에 관심을 가지며 외부 세무사 혹은 내부 회계 직원이 보고한 내용을 잘 이해할 수 있고 세무 관련 의사결정을 잘하는 정도의 세무 지식을 가지면 충분하다.

02 | 초기 스타트업일수록 세무가 더 중요한 이유

스타트업 창업자 A와 B의 이야기를 비교해보고, 세무 관리가 왜 중요한지 살펴보자.

> 대기업에서 개발자로 근무하던 A는 개발 역량이 뛰어난 사람이다. A는 기발한 아이디어가 있어서 퇴직 후 퇴직금을 출자하여 자본금 1억 원으로 스타트업 법인을 설립했다. 초기부터 개발자 및 운영자를 채용하려고 했지만 연봉을 맞춰줄 수 없어, 대신 꽤 많은 지분으로 보상했다. 열심히 제품 개발 후 테스트를 해보니 시장에서 반응이 좋아 출시 초기부터 매출이 꽤 발생했다. 이에 A는 사업 확장을 위해 마케터, 인사 담당자, 회계 담당자를 추가로 채용했다. 하지만 자금이 늘 부족했기에 A는 개인대출을 받아 운영비를 충당했다. A는 조직 내에서 본인의 개발 역량이 가장 뛰어났기에 관리보다 개발 업무에 집중했다. 마케팅, 운영, HR, 세무 등의 업무는 개발 업무와 병행하기 어렵다고 판단하여 내부 직원에게 전임해 처리하도록 했다. 하지만 내부 담당자도 세무 지식이 부족하여 세무 관리가 부실했고, 세금이 매번 과도했다. 더구나 불필요한 가산세까지 납부하다 보니 더욱 자금난에 시달렸다. 추후 투자자와 협상이 이루어져 투자 계약을 성사시키려는 순간 재무제표 부실 작성, 가지급금으로 인한 세무 리스크가 발견되어 계약이 무산되었다. A는 더 이상 자금 부족을 해결하지 못하고 결국 파산을 신청했다.

☞ A와 같은 곳에 근무하던 직장 후배 B도 퇴직 후 스타트업 법인을 설립했다. B는 A보다 개발 역량은 떨어졌지만 조직 구성원에게 두루두루 관심을 가지고 관리를 잘했다. B도 퇴직금 1억으로 법인을 설립하여 제품을 개발했다. B도 자금이 부족했기에 핵심 인원만 채용했고, 마케팅, 세무, HR은 최대한 외부 전문가에 의뢰했다. B는 많은 부분을 외부 전문가에 의뢰했지만 모든 사항을 본인이 꼼꼼히 챙겼으며, 문제가 개선되도록 직접 관리하며 총괄하는 역할을 충실히 했다. 내부 인력이 부족하여 제품 출시에 시간이 오래 걸렸지만 시장 반응이 좋아 차츰 매출이 발생했다. 매출 발생이 지연되자 B 역시 개인대출을 받아 회사 자금난을 해소했다. 세무 관리도 외부 세무사에게 의뢰했지만 직접 매출 관리, 비용 관리, 자금 관리를 꼼꼼히 처리했다. 또한 세무사와 여러 번의 상담을 통해 절세 방법을 찾아 세금을 최대한 줄였다. 그리고 재무제표에 대한 이해도를 높여 투자에 유리한 재무제표를 초기부터 준비했다. 그러던 중 투자자와 협상이 잘 이루어져 결국 투자를 유치할 수 있었고, 이를 계기로 조직을 확장했다.

이 사례가 극단적이라고 생각하는가? 아니다. 실제로 필자가 겪었던 스타트업의 사례를 각색한 것이다.

그렇다면 이 사례에서 무엇이 A와 B의 성패를 갈랐을까? A는 무리한 사업 확장, 전략 실패, 관리자로서 역량 부족이라는 이유도 있었지만, 투자를 받아 자금을 조달했다면 기회를 만들 수도 있었다. 하지만 부실한 세무 관리로 인해 투자자의 신뢰를 얻는 데 실패했고, 이는 스타트업의 생존에 결정적인 영향을 미쳤다.

반면 B는 성장 속도는 느렸지만, 초기부터 세무를 꼼꼼히 챙겼고 절세를 통해 자금 고갈의 가속화를 막았다. 또한 자금 조달을 위해 재무제표도 미리 관리했고 이를 통해 투자자의 신뢰를 얻어 투자 유치에 성공할 수 있었다.

물론 스타트업의 성공과 실패가 한 가지 요인만으로 결정되는 것은 아니다. 하지만 자금 조달은 스타트업의 생사를 결정짓는 데 무엇보다 중요하고, 세무 관리는 자금 조달에 결정적인 영향을 미친다. 잘 관리된 세무는 자금 조달의 근간이 되는 신뢰를 얻게 해주기 때문이다. 특히 투자 유치를 위해서는 투자자의 신뢰를 얻어야 한다. 사업 계획이나 모델이 아무리 훌륭해도 재무제표 작성과 세무 관리가 부실하면 투자자의 신뢰를 얻기 힘들다. 재무제표 부실 작성으로 자금 조달에 실패한 스타트업을 많이 보았다.

또한 세무 관리를 통한 절세는 불필요한 자금 유출을 방지한다. 동일한 매출과 비용이 발생해도 합법적으로 절세할 수 있는 부분을 최대한 활용한다면 실제 납부하는 세금은 매우 큰 차이가 나기도 한다. 또한 세무 관리가 부실하면 불필요한 가산세까지 납부해야 하는 상황으로 연결되기도 한다. 세금이 과도하게 발생하면 안 그래도 부족한 자금이 더욱 빨리 고갈된다. 충실한 세무 관리를 통한 절세는 부족한 사업 자금을 지키는 길이다. 만약 자금이 부족한 상황에서 세금을 제때 납부하지 못하면 세금을 체납하게 되고, 이로 인해 투자자나 지원금 주관기관의 신뢰도는 더욱 하락할 것이다. 세금이 체납되어 파산 신청하는 대표도 많다.

세무 관리로 세무 리스크를 미리 방지하는 것이 중요하다. 세무 관리가 안 되면 다양한 세무 리스크가 발생한다. 평소 불성실한 세무 관리 및 신고는 세무조사를 받을 확률을 더욱 높인다. 신고된 각종 세무 데이터는 과세관청의 DB에 쌓여 모니터링되기 때문이다. 추후 세무조사가 실제 발생하여 잠재된 세무 리스크가 드러나면 세금폭탄으로 돌아올 수 있다. 이는 스타트업의 생존에 치명적인 영향을 준다. 또한 세무조사가 나오면 대외적으로 회사 이미지와 브랜드에도 큰 손상을 줄 수 있다. 세무 리스크는 추가적인 세금만으로 끝나지 않는 경우도 있다. 고의적으로 탈세한 경우에는 「조세범처벌법」에 의해 처벌받는다. 위반하는 규정에 따라 심한 경우 최고 5년

이하 징역형에 처해지기도 한다. 사업 한번 잘못했다가 한순간에 범죄자가 되는 것이다. 또한 세무 리스크로 인해 고소당해 소송까지 이어질 수도 있다. 투자자 등 외부 이해관계자에게 제공한 정보가 실제와 다른 정보였고 그것이 투자와 같은 중요한 의사결정에 영향을 주는 내용이었다면 법적 문제가 발생할 수 있다.

03 | 창업 초기, 세무 리스크를 방치하면 벌어지는 일들

- ☞ "세무사님, 큰일 났어요. 예전에 법인 주식을 액면가로 거래한 것에 대해 과세 예고 통지를 받았어요."
- ☞ "세무사님, 정책 자금 신청했는데 반려됐어요. 저희가 제조업인데 재무제표가 도소매업으로 작성되어 있다고 그러더라고요."
- ☞ "세무사님, 이전 법인을 폐업하고 지금 다시 스타트업하는 건데요. 이전 법인 가지급금에 대해 세금폭탄이 날아왔어요."

여러 스타트업 대표와 상담하다 보면 이렇게 각자 다양한 세무 문제를 안고 있다. 이럴 때 톨스토이의 소설 《안나 카레니나》의 첫 문장을 단어만 바꿔 떠올린다.

- ☞ "행복한 스타트업은 모두 비슷하지만, 불행한 스타트업은 저마다의 방식으로 문제가 있다."

스타트업은 다양한 이유로 세무 리스크를 안고 있다. 세무 리스크는 기업의 전반적인 세무 관리에 발생하는 위험을 뜻한다. 이런 세무 리스크는 잘못된 세무 신고, 세무에 대한 무관심, 부실한 세무 관리 등 다양한 사유로 발생한다. 또한 변경된 세법 규정을 미처 인지하지 못해서 발생하기도 하고, 규정을 잘못 해석하여 발생하기도 한다. 이런 세무 리스크로 인해 결국 세금이 추징되거나 자금 조달에 실패하는 경우가 많다. 스타트업에서 빈번히 발생하는 세무 리스크는 어떤 것이 있는지 알아보자.

가지급금 발생

가지급금은 소규모 법인에서 흔히 발생한다. 대표가 법인 돈을 개인 돈처럼 자유롭게 사용한 경우, 법인에서 돈이 나갔으나 어디에 사용되었는지 확인이 어려운 경우 등 여러 가지 사유로 가지급금이 발생한다. 가지급금이 발생하면 세법상 페널티가 많다. 가지급금 이자만큼의 법인세와 대표 개인 소득세가 추가로 발생하며, 이자 비용 중 가지급금에 해당하는 부분이 부인되기도 한다. 또한 가지급금은 부실한 자금 관리로 발생하는 경우가 많기에 이해관계자들의 신뢰도를 떨어뜨린다. 매우 중요한 사항이니 4장에서 자세히 살펴볼 것이다.

분식회계

일반적인 회사들은 세금을 줄이기 위해 고의로 매출을 누락해 신고하는 경우도 있다. 하지만 스타트업은 투자자와 같은 외부 이해관계자에게 성장성을 보여줘야 하기에 오히려 매출을 부풀리거나 비용을 감추는 경우도 있다. 이것을 분식회계 처리라고 한다. 분식회계 처리는 세금 신고 시 세금이 더 나오게 만드는 요인이 된다. 특수관계자 간 거래를 통해 분식하는 경우가 많으니 특수관계자 간 거래는 특히 주의해야 한다. 또한 분식회계가 발견되면 외부 이해관계자들의 신뢰도를 떨어트리며 소송에 휘말릴 수도 있다.

감면세액의 추징

절세를 위해 세법에 규정된 세액공제, 감면을 적용하는 스타트업이 많은

데, 경우에 따라 상당히 많은 세금을 줄일 수 있다. 하지만 세액공제, 감면 규정을 잘못 적용하거나 사후관리 규정을 위반하면 그동안 감면받았던 세금이 한꺼번에 추징된다. 이때 추가적인 가산세까지 발생할 수 있어 세금폭탄으로 돌아온다. 따라서 세액공제, 감면 적용 시에 전문가의 꼼꼼한 검토가 필요하다.

정부지원금 누락

스타트업은 정부지원금을 받는 경우가 많다. 정부지원금은 회계상 수익 인식이나 비용 차감 방식으로 재무제표에 반영해야 하며, 세무상 반드시 수익으로 인식해야 한다. 하지만 이런 규정을 몰라서 받은 정부지원금을 장부에서 누락하는 경우가 있다. 대표 개인 계좌로 지원금을 받거나, 주관기관에서 업체에 바로 대금을 지급하거나, 별도의 지원금 계좌 자체를 반영하지 않은 경우에는 누락될 수 있다. 이런 경우 세법상 탈세에 해당하니 주의해야 한다.

잘못된 주식 거래

스타트업 주식 거래를 너무 안일하게 생각하는 대표들이 많다. 그냥 액면가로 거래해도 문제가 없다고 생각해서, 대표의 주식을 직원이나 공동창업자, 가족에게 액면가로 양도했다가 추후에 증여세, 양도소득세 폭탄으로 돌아오는 경우를 많이 보았다. 주식 거래를 할 때는 세금 문제가 없는지 반드시 검토해야 한다. 주식 거래의 상대방이 특수관계자인지, 주식 가치가 얼마인지 확인해야 하고, 불균등 증자 시에도 특수관계 여부에 따라 증여세가 발생할 수 있으니 주의해야 한다. 이것도 매우 중요한 사항이니 4장에서 자세히 알아보겠다.

재무제표 부실 작성

스타트업은 외부 이해관계자들에게 회사의 내부정보를 잘 알려줘야 한다. 이때 사용되는 대표적인 자료가 재무제표다. 재무제표가 부실하게 작성되어 정확한 정보를 제공하지 못하면 상대방의 신뢰도는 매우 저하될 것이다. 자산, 부채, 매출, 비용을 정확하게 인식하고 회계 기준에 맞게 처리되어야 신뢰를 쌓을 수 있다. 예를 들어 실제로 제조업을 영위하고 있는 스타트업의 재무제표가 제조업용이 아니라면 상대방은 이 스타트업을 믿을 수 있을까? 또한 재무제표상 자본금이 법인 등기부등본상 자본금과 다르다면 이 스타트업을 믿을 수 있을까?

비용 증빙 부실 관리

일반적인 회사들은 세금을 줄이기 위해 매출을 누락하기도 하지만 가공의 경비를 반영하여 신고하는 경우도 있다. 하지만 스타트업은 매출보다 비용이 많은 경우가 많아서 가공 경비가 그렇게 큰 도움이 되지 않는다. 손실을 봐서 납부할 세금이 없어도 지출한 비용에 대한 모든 증빙은 잘 갖추어야 한다. 세법상 정당하게 비용으로 인정받기 위해서는 관련 증빙이 필수적이다. 만약 증빙이 없거나 세법에서 규정된 증빙 서류가 아니라면 비용으로 인정되지 않거나 가산세를 부담해야 한다. 실제는 손실이지만 증빙관리를 못한다면 오히려 세무상 소득이 발생하여 세금을 많이 납부할 수도 있다.

그렇다면 세무 리스크를 헤지하는 방법이 무엇이 있을까? 우선 대표는 세무에 대한 관심을 가져야 한다. 대표는 회사의 모든 것을 총괄하고 책임지는 자리다. 외부 세무사에게 의뢰해도 대표가 무관심하면 세무 리스크는 발생할 수 있다. 외부 세무사가 회사의 사정을 일일이 다 알 수는 없기 때문이다. 따라서 대표는 세무사에게 질문도 많이 하고 정기적으로 상담하는 것이 좋다. 대표가 얼마나 관심을 가지고 어떻게 관리하느냐에 따라 세무 리스크를 상당히 줄일 수 있다.

- ☞ "대충 처리해도 문제없던데 왜 바보같이 다 지켜가며 사업하나요?"
- ☞ "우리같이 소규모 회사에 설마 세무조사가 나오겠어요?"

간혹 일부 대표 중에는 세무를 가볍게 생각하고 "나중에 걸리면 세금 내면 되지"라고 하는 사람도 있다. 더구나 이런 생각을 자랑처럼 주변 사람들에게 떠벌리기도 한다. 하지만 세무는 결국 회사 신뢰의 문제다. 이런 말을 하는 대표는 본인의 신뢰도를 스스로 깎아내리는 셈이다. 또한 세무 리스크는 회사가 커지면서 브랜드나 이미지에도 큰 타격을 줄 수 있다. 따라서 사업 초기부터 세법 규정을 성실하게 준수하려는 대표의 마음자세가 필요하다.

한편, 세무를 잘 관리해주는 전문가를 만나야 한다. 대표는 세무 전문가는 아니다. 세법은 복잡하고 법 개정도 매년 이루어진다. 따라서 세무 리스크를 최소화하기 위해 반드시 세무 전문가에게 의뢰할 필요가 있다. 그런데 우리나라에 세무사는 많다. 그렇다면 어떤 세무사를 찾아서 의뢰해야 할까? 결론적으로, 내가 운영하는 스타트업의 업종과 특성을 잘 이해하고 전문성이 높은 세무사, 다양한 세무 문제를 잘 해결해주는 세무사를 찾을 필요가 있다. 좀 더 자세한 내용은 뒤에서 알아보겠다.

04 회계와 세무의 차이는?

☞ "세무사가 하면 세무이고, 회계사가 하면 회계인가요?"

앞에서 세무 관리의 중요성을 살펴보았다. 세무가 중요한 건 알겠는데, 도대체 세무는 무엇이고 회계는 무엇인가? 비슷한 것 같기도 하고 다른 것 같기도 하다. 회계와 세무의 목적을 이해하면 그 차이를 알 수 있다. 그리고 회계와 세무의 차이를 이해해야 둘 사이의 긴밀한 상관관계도 이해할 수 있다.

회계는 회사의 정보를 이해관계자들에게 전달하는 것이 목적이다. 사업을 하면 자연스럽게 많은 이해관계자가 생긴다. 여기서 이해관계자란 경영자, 종업원, 주주, 투자자, 금융기관, 정부기관, 과세관청 등이다. 이해관계자는 회사의 상태가 어떠한지 정보를 얻기 위해 회계를 이용한다. 이런 회계정보의 대표적인 예가 재무제표로, 재무제표를 보고 자산과 부채 현황, 매출, 이익 등 다양한 회계 정보를 파악할 수 있다. 금융기관은 이런 회계 정보를 바탕으로 대출 가능 여부를 판단하고, 투자자는 투자 가능 여부를 판단한다. 경영자는 회계를 바탕으로 의사결정을 하고, 과세관청은 회계를 과세의 근거 자료로 삼는다. 이렇게 이해관계자들의 목적은 다양하지만, 공통적으로 회계 자료를 가지고 회사를 파악한다.

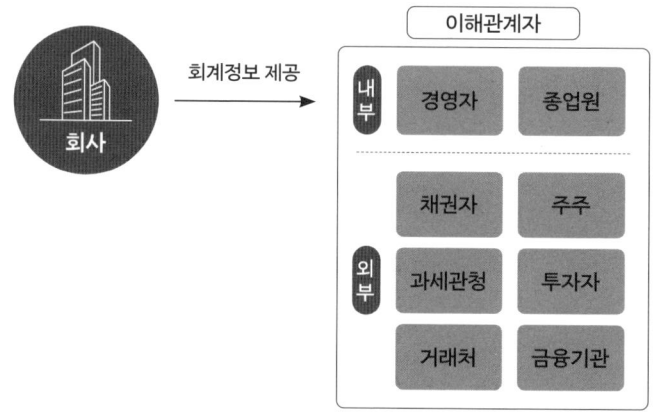

그림 1. 회계의 목적

    회계를 더 세부적으로 나누면 그 목적에 따라 재무회계, 관리회계, 세무회계로 나누어진다.

    재무회계는 일반적으로 말하는 회계로, 재무제표를 만들어 여러 이해관계자에게 정보를 제공하는 것이 목적이다. 따라서 모든 이해관계자가 이해할 수 있게 만들어야 하기에 정해진 회계 기준에 따라 재무제표를 작성해야 한다. 이런 회계 기준에는 국제회계기준IFRS, 일반기업회계기준, 중소기업회계기준이 있다.

    관리회계는 회사 내부 관리를 목적으로 작성하는 것이다. 경영자와 관리자는 내부 구성원별, 팀별 성과와 이익을 측정하거나 ROI와 같은 내부 효율을 파악하기 위해 다양한 수치를 관리할 필요가 있다. 관리회계는 내부 이용자를 대상으로 하기에 내부의 기준을 따르면 되므로, 회계 기준과 같이 외부 이해관계자를 위한 공통된 기준이 필요하지 않다.

    세무회계는 세법에 따라 세금을 신고하는 것이 목적이다. 세무회계는 기본적으로 재무회계에서 출발한다. 국가는 세금을 합리적으로 부과하기 위해 재무회계와 다른 별도의 기준을 세법으로 규정했다. 따라서 세금을 계산할 때는 세법 기준에 따라 재무상 금액을 세무상 금액으로 변형할 필요가 있다. 이렇게 회계를 세무 목적으로 가공하는 것을 세무 조정이라고 한다.

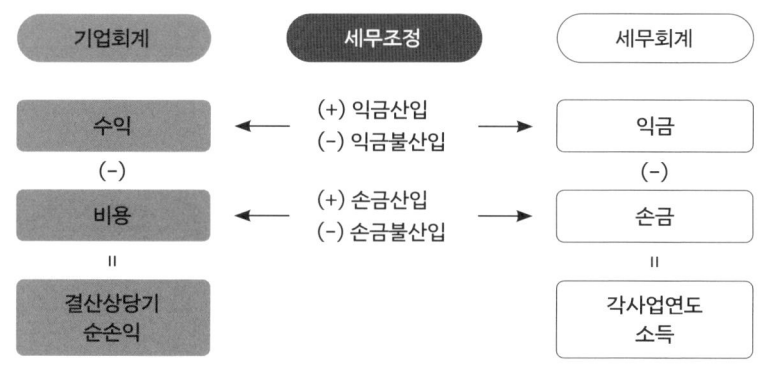

그림 2. 세무 조정의 개념(출처: 국세청)

세무는 세금 신고에 수반되는 모든 제반 업무를 말한다. 따라서 세무의 목적은 세법 규정을 바탕으로 정확하게 세금을 신고하는 것을 목적으로 한다. 우리나라 세금의 종류는 국세와 지방세를 포함하여 총 25가지로 매우 다양하다. 여기서 국세와 지방세는 과세 권한이 누구에게 있는지를 기준으로 나뉜다. 국세는 중앙정부에 과세권이 있으며 지방세는 지방자치단체에 과세권이 있다. 따라서 법인세, 소득세, 부가가치세와 같은 국세는 관할 세무서에 세금을 신고 및 납부하며, 취득세, 재산세, 자동차세와 같은 지방세는 관할 시청 혹은 구청에 세금을 신고, 납부한다.

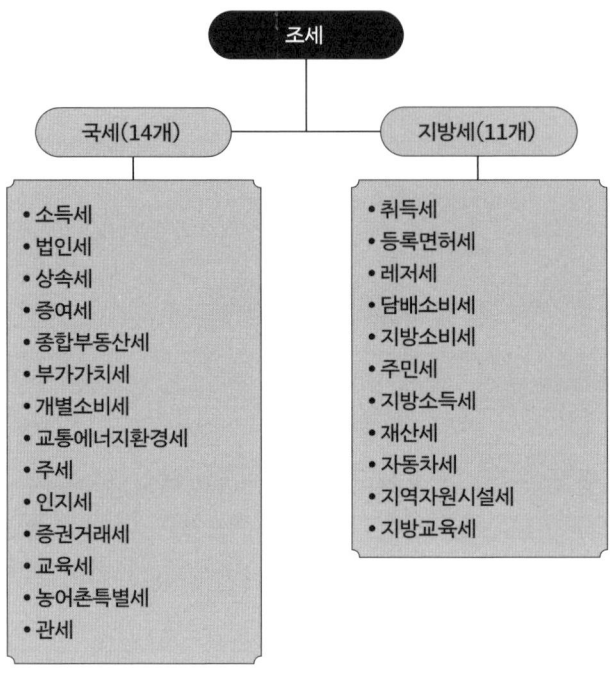

그림 3. 우리나라 세금의 종류

　국세, 지방세를 포함하여 총 25가지 세금 관련 업무를 모두 세무라고 할 수 있지만, 일반적으로 사업자들이 말하는 세무의 범위는 다르다. 실무적인 관점에서 사업자가 말하는 세무는 25가지 세금 중 사업과 관련된 세금에 국한된다. 따라서 법인세, 소득세, 부가가치세 관련 업무가 주된 내용이다. 물론 법인도 종합부동산세, 증권거래세, 자동차세, 재산세 등을 납부할 의무가 발생하지만 주된 업무 내용은 아니다.

　앞서 보았듯, 세무의 출발점은 회계이고 회계와 세무는 불가분의 관계에 있다. 따라서 사업자를 위한 세무는 재무제표 작성이란 회계 업무까지를 포함한 더 넓은 개념이다. 법인세, 소득세 신고에도 법인세, 소득세만 계산하여 신고하는 것이 아니라 재무제표를 작성 및 제출하는 절차까지 신고

의무에 포함되어 있다. 또한 4대 보험은 세금은 아니지만 급여를 지급한다면 사업자들이 필수적으로 처리해야 하는 업무이므로 일반적으로 세무 업무에 포함된다.

다시 말해, 회계와 세무의 목적과 의미는 다르지만 실무적인 관점에서 본다면 사업자가 말하는 세무는 사업과 관련된 세금 신고 업무뿐 아니라 회계 업무, 4대 보험 업무까지를 모두 포함하는 것이다. 이 책에서도 스타트업 사업자를 대상으로, 회계부터 사업 관련 세금 처리, 4대 보험 업무를 모두 포함한 넓은 의미에서 세무란 단어를 사용하고 있다.

05 개인사업자 vs. 법인, 무엇이 스타트업에 유리할까?

> "세무사님, 창업하려는데 개인사업자가 좋나요? 법인사업자가 좋나요?"

창업을 준비 중인 분들과 상담하면 이런 질문을 가장 많이 받는다. 이 책을 읽는 독자들 중에서 이미 스타트업을 경영하는 사람도 있지만 스타트업을 준비하는 사람도 있을 것이다. 사업을 시작할 때 가장 먼저 고민할 것이 바로 개인사업자로 시작할지, 법인사업자로 시작할지 여부다. 주위 스타트업을 보면 법인사업자 비중이 높지만, 개인사업자인 경우도 있다. 그렇다면 두 형태는 세무적으로 어떻게 다르며 무슨 기준으로 선택해야 할까? 나에게 맞는 형태를 선택하기 위해서는 우선 법인사업자와 개인사업자의 차이점을 이해할 필요가 있다.

개념상으로는 사업을 하는 주체가 누구인지에 따라 법인사업자와 개인사업자로 나뉜다. 개인사업자는 개인이 주체가 되고, 법인사업자는 법인이 주체가 되는 것이다. 법인은 상법상 절차에 따라 별도의 실체를 만들어 법인 명의로 사업을 한다. 물론 실질적으로는 사업 행위를 하는 사람은 창업자인 법인 대표이지만, 형식적으로 대표는 법인에 소속된 근로자에 해당한다. 이렇듯 사업의 주체가 다르기 때문에 개인사업자의 경우 사업 명의를 변경하면 개인사업자는 폐업이 되지만, 법인사업자의 경우에는 대표가 변경되어도 법인사업자는 그대로 유지된다.

세법상으로 개인사업자는 소득세법, 법인사업자는 법인세법이 적용된다.

개인과 법인에 적용되는 세율만 단순 비교해보면 법인세율이 낮다. 소득세율은 6~45%이지만 법인세율은 9~24%다. 하지만 이것만 가지고 법인이 반드시 유리하다고 할 수는 없다. 법인 자금을 대표 개인에게 귀속시킬 때 다시 근로소득세나 배당소득세를 내야 하기 때문이다.

[종합소득세율]

과세표준	세율	누진공제
14,000,000 이하	6%	-
14,000,000~50,000,000	15%	1,260,000
50,000,000~88,000,000	24%	5,760,000
88,000,000~150,000,000	35%	15,440,000
150,000,000~300,000,000	38%	19,940,000
300,000,000~500,000,000	40%	25,940,000
500,000,000~1,000,000,000	42%	35,940,000
1,000,000,000 초과	45%	65,940,000

[법인세율]

과세표준	세율	누진공제
200,000,000 이하	9%	-
200,000,000~20,000,000,000	19%	20,000,000
20,000,000,000~300,000,000,000	21%	420,000,000
300,000,000,000 초과	24%	9,420,000,000

표 1. 2025년 기준 종합소득세율과 법인세율

법인사업자의 장점은 자금 인출 전략을 세울 수 있다는 것이다. 개인사업자는 소득이 발생한 해에 전부 과세된다. 따라서 소득이 많은 경우 고율의 소득세를 피할 수 없다. 개인 소득이 커서 40% 이상의 세율이 적용되면 세금 부담이 굉장히 커진다. 그러나 법인의 대표는 본인의 적정 급여 수준을 설계하여 고율의 소득세를 피할 수 있다.

또한 대표는 통상적으로 법인 주식을 가지고 있으니 배당금을 받을 수 있다. 주주로서 법인에서 받는 배당금은 개인 배당소득으로 과세된다. 이 배당소득은 이자소득과 합쳐져 금융소득 분리과세를 적용할 수 있다. 금융소득 분리과세가 적용되면 연 2천만 원까지는 15.4%지방소득세 포함만 내면 되기에 비교적 저율이다.

자금을 개인 용도로 사용하는 절차에서도 차이가 난다. 법인의 경우 법인통장에 있는 자금을 대표가 개인 용도로 마음대로 사용하지 못한다. 법인과 법인의 대표는 실체가 다르기에 아무리 대표라도 법인 돈을 바로 내 돈처럼 쓸 수 없다. 따라서 근로소득이나 배당소득의 형태로 소득신고를 한 후 법인 자금을 사용해야 한다. 그렇지 않으면 가지급금으로 처리되어 세법상 불이익을 많이 받으며, 경우에 따라 형법상 횡령에 해당할 수도 있다. 또한 가지급금이 있는 경우 대외적으로 신뢰도가 떨어질 수 있다. 반면에 개인사업자로 벌어들인 돈은 모두 사업소득으로 과세되기에 개인사업자 통장의 자금을 대표 본인이 마음대로 사용해도 무방하다.

개인과 법인의 또 다른 차이는 상법을 적용하는지 여부다. 개인은 자연인이 주체가 되지만, 법인은 상법에 따라 별도의 인격을 부여받는다. 따라서 법인은 상법 절차에 따라 법인으로 등기하고 법인등록번호를 부여받는다. 법인은 설립부터 운영, 소멸까지 모든 단계에서 상법이 적용된다. 중요한 의사결정이 필요한 부분도 상법의 규정대로 주주총회나 이사회 결의를 진행해야 한다. 예를 들어, 대표 변경, 배당, 주식의 증자, 감소 등 모두 상법 규정을 준수해야 한다. 따라서 사업을 운영할 때 법인이 개인보다 복잡하고 번거롭다.

투자 유치의 용이성도 다르다. 법인은 상법에 따라 신주를 발행하거나 기존 주식을 양도할 수 있다. 스타트업은 사업을 성장시키기 위해 투자를 받는 경우가 많다. 투자를 받으면 신주를 발행하여 법인의 자본금을 늘리지만, 경우에 따라 구주를 일부 양도하기도 한다. 투자자와 계약에 따라 보통주가 아닌 옵션이 결합한 우선주를 발행하기도 하며, 전환권이 부여된 전환사채를 발행하기도 한다. 따라서 투자를 유치하려면 사업의 형태는 법인사업자여야 한다.

그 외에도 법인사업자가 개인사업자보다 일반적으로 대외적 신뢰도가 높다는 차이가 있다. 반드시 그런 것은 아니지만 입찰하거나 영업하거나 대외적 신뢰도를 평가받을 때, 상대적으로 법인이 유리하다. 하지만 개인사업자는 신속하게 의사결정을 내리고 운영할 수 있다는 장점이 있다. 법인사업자는 상법상 절차를 거쳐 의사결정할 의무가 있지만, 개인사업자는 혼자 의사결정을 하기에 신속히 움직일 수 있다.

구분	법인사업자	개인사업자
사업 주체	법인	대표 개인
대표 변경 시	법인사업자 존속	개인사업자 폐업
적용 세법	법인세	소득세
적용 세율	9~24%	6~45%
자금 인출	대표 급여, 배당 신고 후 인출	용이함
설립 절차	설립 등기 후 사업자등록	설립 등기 없이 사업자등록
운영의 용이성	상법상 규정을 준수해야 함	상법 적용받지 않음
투자 유치	용이함	투자 전 법인 전환 필요
기타 특징	대외적 신뢰도 높은 편	의사결정 신속성 높은 편

표 2. 법인사업자와 개인사업자 비교

이렇듯 법인사업자와 개인사업자의 차이점이 많다. 따라서 사업을 처음 시작하는 단계에서 자신에게 맞는 형태를 선택할 필요가 있다. 만약 소규모 사업을 운영할 목적이라면 상법의 적용을 받지 않는 개인사업자가 설립과 운영 측면에서 편리하다. 하지만 스타트업을 하는 사람들은 사업을 크게 키워 투자받고 엑시트를 꿈꾸는 경우가 많으므로 사업 목표가 투자라면

답은 이미 정해져 있다. 투자를 받고 싶다면 법인사업자로 운영해야 한다. 물론 법인사업자의 단점도 있지만 운영 방식에 익숙해져야 한다. 법인 운영 시 상법상 규정을 잘 지켜야 하며, 법인 자금을 대표가 개인 용도로 함부로 사용해서는 안 된다. 따라서 법인을 문제없이 잘 운영하려면 항상 변호사, 세무사 등 전문가를 가까이해야 한다.

하지만 스타트업을 시작할 때 반드시 법인사업자로 해야 하는 것은 아니다. 사업 아이템 검증, 시제품 개발 및 테스트 등을 위해 우선 가볍게 시작하고 싶다면 개인사업자가 좋다. 개인사업자는 설립 등기가 필요 없고 창업자가 빨리 의사결정을 할 수 있기 때문이다. 그리고 사업자등록을 빨리해야 하는 경우에도 개인사업자로 시작하는 것이 좋다. 간혹 창업 단계에서 창업지원금을 기한 내에 신청하기 위해 사업자등록이 빨리 필요한 경우도 있다. 이때 설립 등기 절차가 필요 없는 개인사업자 형태가 유리하다. 사업 초기에 개인사업자로 운영하다 추후 투자 유치 준비 시 법인으로 전환하면 된다. 개인사업자의 법인 전환 시기와 방법은 4장에서 자세히 다룰 것이다.

06 나에게 맞는 세무사 찾는 방법

> "지혜로운 리더는 자신이 모든 것을 알지 못한다는 사실을
> 인정하고, 그 공백을 채워줄 사람을 찾는다."
> • 존 맥스웰 •

스타트업을 성공적으로 키우려면 세무사를 잘 만나야 한다. 성공한 스타트업 옆에는 항상 유능한 세무사가 있다. 대표가 바쁘기도 하고, 세무의 모든 부분을 다 알지는 못하기 때문이다. 그래서인지 오피스 상권에는 세무사 사무실이 즐비하고 인터넷에 검색만 해도 세무사가 무수히 많다. 그중에서 어떤 세무사를 찾아야 할까? 나의 사업을 잘 돌봐주고 절세도 잘해주는 세무사를 찾고 싶은데, 마치 서울에서 김 서방 찾기다.

현명하게 세무사를 선택하려면 세무사를 적어도 5명 이상은 만나서 상담을 받아야 한다. 회사 주변에 있는 세무사 사무실을 찾아가도 되고, 인터넷을 검색하여 후기가 좋은 세무사를 만나보거나, 주변 스타트업 대표에게 추천받아도 좋다. 이렇게 여러 군데서 상담을 받아보면 나에게 맞는 세무사를 찾을 확률이 높아진다. 잘 맞는 세무사를 찾으면 사업을 성공적으로 이끄는 데 큰 힘이 될 것이다. 따라서 발품을 팔아가며 시간과 노력을 투자할 가치는 충분하다. 그 후 3가지 기준에 의해 세무사를 선택해야 한다.

우선 세무사는 전문성이 있어야 한다. 세무 분야도 다양하기 때문에 한 세무사가 모든 분야에 전문성을 가질 수는 없다. 상속세, 증여세 전문이거나, 부동산 양도소득세 전문이거나, 세무조사 전문이 있는가 하면, 법인사업자 전문 세무사도 있다. 또한 업종도 매우 다양하기에 음식점 전문, 통신판매업 전문, 건설업 전문 등 업종별로도 나뉜다. 이 중에서 나의 업종과 사업을 잘 이해하고 업무 경험이 풍부한 세무사를 선택할 필요가 있다. 특히 스타트업에 대한 이해도가 높고 자금 조달에 유리한 재무제표를 작성해줄 수 있는 세무사가 필요하다. 스타트업의 경우 정부지원금과 투자를 받기 때문에 관련 회계와 세무를 잘 처리해야 한다.

둘째, 신뢰할 만한 세무사인지 확인해야 한다. 전문성이 높은 것과 신뢰할 만한 것은 다른 이야기다. 신뢰는 말로 쌓는 것이 아니며, 오히려 말만 번지르르한 사람은 경계할 필요가 있다. 결국 약속을 지키는 행동이 중요하다. 정해진 기한을 잘 지키는지, 내용을 누락하지는 않는지, 상황을 모면하기 위해 거짓말을 하지는 않는지, 시간이 지나면서 관리가 소홀해지지 않는지 등 유심히 확인할 필요가 있다. 신뢰는 주관적 느낌이긴 하지만 그 사람의 행동을 보면 어느 정도 신뢰할 만한지 판단할 수 있다.

마지막으로 소통이 잘되는지도 확인해야 한다. 스타트업을 운영하면서 세무적으로 이런저런 다양한 문제가 발생할 수 있다. 특히 초기 스타트업의 경우 세무 지식이 부족하니 신경 써야 할 세금에는 무엇이 있는지, 왜 이렇게 세금이 나오는지, 절세는 어떻게 할 수 있는지 등등 궁금한 점이 많을 것이다. 그때마다 세무사에게 연락해서 궁금증을 해소하고 발생한 문제를 해결할 수 있어야 한다. 그러려면 세무사와 소통이 잘되는 것이 기본이다. 물론 내부 회계 담당자를 대하듯 외부 세무사에게 시도 때도 없이 연락하여 귀찮게 할 수는 없다. 하지만 소통은 세무 서비스의 핵심이다. 그러므로 얼마나 상담을 잘해주고 그 상담이 얼마나 도움이 되는지 확인해야 한다.

간혹 무조건 세금을 줄여준다는 세무사도 있는데, 오히려 이런 세무사는 경계할 필요가 있다. 물론 절세는 세무사의 역량을 판단하는 중요한 기준이 된다. 하지만 절세는 합법적 범위 안에서 이루어져야 한다. 무조건 세금을 줄이기 위해 불법적으로 탈세를 하면 나중에 더 큰 문제가 발생한다. 스타트업은 당장 내야 할 세금이 줄었다고 좋아할 수 있지만, 이는 목마르다고 바닷물을 마시는 셈이다. 세무 리스크는 결국 세무조사와 세금폭탄으로 돌아온다. 따라서 전문가의 입장에서 되는 것과 안 되는 것을 명확히 알려주고, 다양한 세무 리스크까지 고려하여 합법적인 범위 안에서 최대한 절세할 방법을 찾아야 뛰어난 세무사다.

한편 친구나 친척 중에 세무사가 있을 수도 있는데, 지인과는 가급적 거래하지 않는 것이 좋다. 나의 소득, 카드 내역, 통장 내역 등 모든 사정을 지인이 알면서 오히려 관계가 불편해지는 경우가 많다. 또한 지인이 남보다 더 전문성이 뛰어나다는 보장도 없고, 서비스를 받다가 불만이 생기더라도 쉽게 말하지 못하고 혼자 속앓이하는 경우도 많다. 세금이 많이 나온다고 세무사에게 불만을 표시했다가 괜히 마음만 상하기도 한다. 지인과 오래 원만한 인간관계를 유지하고 싶다면, 나와 잘 맞는 다른 세무사를 찾아 수수료를 낸 만큼 당당하게 서비스를 요구하는 편이 현명하다.

세무사만큼이나 세무 서비스 수수료도 다양하다. 비교적 저렴한 곳과 비싼 곳 중에 어디를 선택하는 것이 현명할까? 우선 여러 곳을 찾아서 수수료를 문의해보면 평균 비용을 확인할 수 있을 것이다. 합리적인 수수료를 받는 곳을 찾기 위해 시세를 조사해볼 필요가 있다. 간혹 수수료가 저렴한 곳만 찾는 대표도 있는데, 사실 싸고 좋은 것은 없다. 너무 저렴한 서비스만 찾는다면 원하는 만큼 서비스를 받지 못하고, 재무제표나 세무 신고의 품질도 떨어질 확률이 높다. 박리다매 방식을 추구하는 세무사는 수수료가 저렴한 만큼 관리해야 할 업체가 많을 것이다. 부실한 세무 관리는 결국 세무 리스크 발생으로 이어질 수 있으므로, 너무 비싸면 안 되겠지만 합리적인 수수료를 지불하면서 나에게 맞는 세무사를 찾아야 한다.

07 | 세무사 200% 활용법

> "가격은 당신이 지불하는 것이고, 가치는 당신이 얻는 것이다."
> • 워런 버핏 •

바쁜 시간을 쪼개고 발품을 팔아서 나에게 맞는 세무사를 찾았다면, 걱정 없이 제품 개발과 마케팅에만 집중하면 될까? 아니다. 얼마나 좋은 서비스를 받는지 여부는 내가 하기에 따라 달라진다. 세무사가 알아서 제공해주는 서비스만 기대할 것인지, 아니면 필요한 서비스를 요구할 수 있는지는 나름의 노하우가 필요한 문제다. 같은 수수료를 내고 세무사를 충분히 활용하는 방법을 알아보자.

통상적으로 사업자에게 제공되는 세무 서비스가 기장 서비스인데, 사업자는 매월 기장료를 내고 기장 서비스를 받는다. 서비스를 잘 받으려면 일반적인 기장 서비스의 범위를 이해해야 한다. 서비스를 잘 받는다는 건 서비스 범위가 아닌 것을 상대방에게 강요한다는 의미가 아니다. 서비스 범위가 아닌 부분을 무리하게 요구하면 다툼이 발생할 수 있다. 따라서 세무 서비스 계약 시 서비스 범위를 꼼꼼히 확인할 필요가 있다.

일반적으로 사업자가 세무사에게 기장 서비스를 의뢰하면 다음과 같은 서비스를 받는다.

첫째, 가장 기본적으로 장부, 즉 재무제표를 작성해준다. 통상적으로 재무상태표, 손익계산서, 이익잉여금처분계산서를 작성해주는데, 이는 재무제표가 세무 신고 시 필요하기 때문이다. 그 외 IFRS 재무제표에 속하는 현금흐름표나 자본변동표는 작성해주지 않는다. 외부 감사를 받지 않는 초기 스타트업은 작성할 필요가 없기 때문이다. 만약 회계감사로 인해 현금흐름표나 자본변동표가 필요하면 기장료 외에 추가적인 수수료를 지불해야 한다.

둘째, 사업자가 의무적으로 해야 할 세금 신고를 대행해준다. 사업자 세금 신고의 범위는 법인세, 소득세, 부가가치세로, 관련 서류를 작성하고 세금을 계산하여 신고서를 과세관청에 제출해준다. 그 외 사업을 하면서 발생하는 비경상적 세금 신고도 대행해주지만 별도의 수수료가 발생할 수 있다. 예를 들어, 주식 거래를 하면 양도소득세, 증권거래세 신고 의무가 발생하는데, 세금 신고 대행 업무를 세무사에게 의뢰할 수는 있지만 통상적인 기장 서비스는 아니다.

셋째, 세무사가 급여대장을 작성해주고 소득세, 지방소득세를 계산해서 원천세를 신고해준다. 사업주가 직원을 채용하여 급여를 주는 경우 근로소득세를 원천징수하여 신고하는데, 원천세는 급여를 지급한 달의 다음 달 10일까지 신고하도록 되어 있다. 따라서 월급을 매달 지급하면 매달 원천세를 신고, 납부할 의무가 발생한다. 근로계약서 작성 업무는 통상적으로 세무 기장 업무에서 제외된다.

간혹 근로계약서 작성까지 해주는 세무사도 있지만, 세무사는 노무 전문가가 아니다. 비전문가가 대행하면 문제가 발생할 수도 있으니 근로계약서 작성은 노무 전문가에게 의뢰하는 것이 좋다.

스타트업이 근로소득자 외의 개인에게 용역을 제공받았다면 프리랜서 사업소득이나 기타소득을 원천징수하여 신고해야 한다. 또한 직원이 퇴직하면 퇴직소득세를 신고한다. 이것도 모두 기장 서비스에 포함된다. 이것으로 끝이 아니다. 근로소득, 사업소득, 기타소득, 퇴직소득 등 지급 내역에 대한 지급명세서를 과세관청에 제출해야 한다. 이런 지급명세서 제출 업무와 근로소득자에 대한 연말정산 업무도 기장 서비스에 포함된다.

넷째, 4대 보험은 세금은 아니지만 통상적으로 기장 서비스에 포함된다. 근로소득자가 있으면 사업주는 국민연금, 건강보험, 고용보험, 산재보험을 납부할 의무가 있다. 이를 위해 4대 보험 취득신고, 상실신고, 보수총액 신고를 세무사가 대행해준다. 또한 세무사는 매달 급여 지급 시 소득세와 함께 4대 보험을 계산해 급여대장을 작성해서 사업주가 원천징수를 하게 한다.

다섯째, 사업을 위해 필요한 세금 관련 상담을 진행해준다. 세법이 복잡하고 매년 바뀌다 보니 대표가 모든 사항을 알기 어렵다. 따라서 관련 내용을 세무사에게 문의하고 답변을 받을 수 있다. 또한 절세를 위해 무엇을, 어떻게 준비해야 하는지 상담해주기도 한다. 일반적인 세무사는 상담 횟수에 제한을 두지 않지만, 세무사 업무가 마비될 정도로 상담을 과도하게 요청하면 분쟁이 발생할 수 있다. 규모가 큰 회사는 내부 회계팀을 두어 자체적으로 장부를 작성하기도 한다. 이런 회사도 사내 세무사가 없다면 세법 해석과 적용을 위해 외부 세무사에게 정기적인 자문을 의뢰하기도 한다. 기장 서비스를 의뢰한 소규모 회사는 통상적으로 이런 자문까지 포함된다고 볼 수 있다.

세무 서비스를 이용할 때 주의해야 할 사항도 있다. 외부 세무사나 세무직원은 우리 회사 경리 직원이 아니다. 세무사가 장부 작성, 세금 신고 업무를 해주지만 회사 자금 관리까지 해주는 것은 아니다. 회사 통장 관리, 자금 이체, 세금 납부, 채권 및 채무 관리, 세금계산서 발행, 증빙 관리 등은 모두 회사에서 직접 할 일이다. 따라서 세무사에게 세무 업무를 의뢰해도 회사 내에 그 업무는 따로 수행할 담당자가 있어야 한다. 초기 스타트업은 회계 담당자를 따로 채용할 여유가 없기에 대표가 이런 업무를 하는 경우가 대부분이다.

  만약 내부 회계 담당자를 채용할 여력이 되지 않는데 자금 관리까지 해주길 바란다면 경리 아웃소싱을 의뢰할 수 있다. 경리 업무를 아웃소싱으로 의뢰하면 외부 경리 담당자가 수수료를 받고 세금계산서 관리, 자금 관리, 채권 및 채무 관리 등을 대행해준다. 하지만 내부 살림살이를 외부 담당자에게 의뢰하는 건 그다지 추천하지 않는다. 내부 직원이 아니기에 대표가 직접 하는 것만큼 꼼꼼히 처리하기가 어렵다.

  또한 세무와 다른 전문가의 업무 영역과 혼동해서는 안 된다. 스타트업을 운영하면 다양한 분야의 법률 서비스가 필요할 텐데, 해당 분야의 전문가에게 의뢰하는 것이 바람직하다. 법인 등기, 정관, 각종 계약 문제, 주주총회 등의 업무는 변호사 혹은 법무사의 영역이고, 특허권, 상표권, 디자인권은 변리사의 영역이다. 노무사는 노동법 전문가로 노무 문제 전반을 담당한다. 급여 계산, 4대 보험 신고도 노무사의 업무이지만 세무사의 업무와 겹친다. 하지만 근로계약서 작성, 해고, 징계와 같은 노동법의 해석과 적용에 관한 사항은 노무사만 할 수 있는 고유한 업무 영역이다.

  초기 스타트업의 경우 다양한 분야의 전문가를 만날 기회가 부족할 수 있다. 따라서 노무 문제나 주주 간 문제 등 법률 전반적인 사항을 세무사에게 문의하기도 한다. 물론 세무사에게 답변을 받을 수도 있겠지만, 다양한 법적 리스크를 방지하기 위해 해당 분야의 전문가에게 문의해야 한다.

  그렇다면 동일한 수수료를 내고 세무사를 200% 활용할 수 있는 방법은 무엇일까?

  우선, 사업을 하다 모르는 것은 눈치 보지 말고 질문해야 한다. 법인 대표는 세무 전문가가 아니다. 따라서 모르는 부분이 있으면 당당하게 질문하면 된다. 사업을 처음 하는 대표는 세무에 대해 모르는 부분이 상당히 많을 것이다. 물론 인터넷을 검색하고 공부하면 해결할 수 있겠지만, 대표는 그것 말고도 할 일이 많다. 그러므로 효율적으로 세무사에게 질문하고 궁금증을 바로 해소하는 것이 좋다. 또한 블로그, 유튜브가 모두 정확한 것은 아니라서 잘못 작성된 내용도 상당히 많다. 틀린 내용에 대해 블로거, 유튜버에게 따져도 책임져주지 않는다.

둘째, 1년에 최소 2번 이상은 세무 상담을 받는 것이 좋다. 이런 상담은 추가적인 비용이 들지 않는다. 일반적으로 세무사 한 명이 담당하는 업체 수는 매우 많아서, 현실적으로 세무사가 모든 업체를 꼼꼼히 관리하기가 어렵다. 따라서 내 업체의 세무 관리에 소홀하지 않도록 조금은 귀찮게 할 필요가 있다. 물론 너무 자주 상담을 요청하면 오히려 관계가 악화될 수 있지만, 적당한 상담 요청은 우호적 관계의 밑거름이 된다. 재무제표 현황, 재무 지표 개선 방안, 예상 세액, 절세 방안, 세무 리스크 등 다양한 주제로 상담을 받으면 도움이 될 것이다. 대표가 세무에 관심을 가져야 그만큼 세무사도 더 잘 관리해준다.

특히 연말에 예상 세액과 재무제표 특이 사항은 상담이 반드시 필요하다. 연말에 가결산을 실시하여 대략적인 세액과 주요 세무 이슈를 파악해 놓아야 하는데, 연도가 바뀌면 세금을 줄이거나 재무제표를 개선할 수 있는 방법이 제한적이기 때문이다. 예를 들어, 연말 가결산을 해보고 자본잠식이 예상된다면 해가 바뀌기 전에 증자해야 해결할 수 있다. 해가 바뀌면 자본잠식을 해결하고 싶어도 할 수 없다. 또한 절세를 위해 누락됐거나 추가할 매입이 있는지 확인해보고, 추가 상여금을 지급할지 여부도 연말에 확인한다. 세액공제, 감면의 사후관리를 잘 지키고 있는지도 연말에 반드시 확인한다. 이런 여러 가지 사항을 세무사와 상담을 통해 확인할 필요가 있다.

비즈니스의 기본이지만, 상대방을 존중하고 매너 있게 대하는 것이 서비스를 잘 받는 방법이다. 장기적으로 볼 때, 외부 세무사와 우호적인 파트너 관계를 유지하는 것이 좋다. 세무사도 우호적 관계를 유지하는 고객에게 더 신경을 써준다. 따라서 세무사를 존중하는 태도를 가지고 감사함을 표현하는 것이 좋다. 물론 수수료를 지불하고 정당하게 받는 서비스이지만 세무사도 사람인 만큼 감사함을 표한 고객에게 조금은 더 마음이 갈 것이다.

무엇보다 세무사에게는 솔직하게 밝히는 것이 좋다. 숨기려 해도 결국 세무 자료를 통해 드러난다. 세무사를 내 편이라고 생각하고 상황을 있는 그대로 보여주는 것이 좋다. 솔직한 소통은 상호 신뢰를 형성하는 밑바탕이 된다.

2장

성공적인 스타트업 절세의 기술

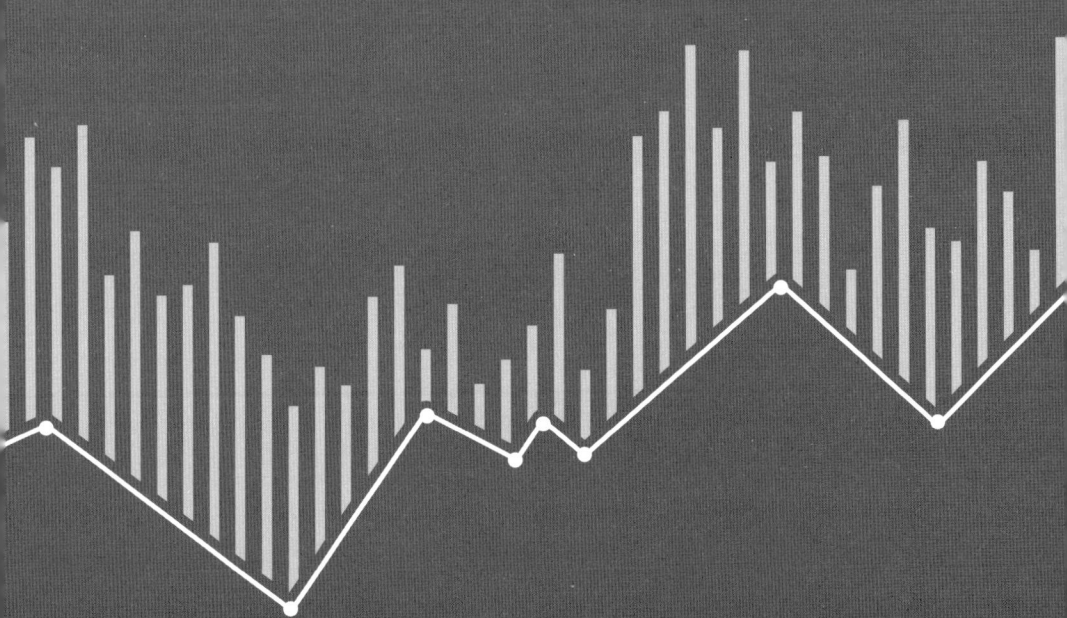

01 법인세, 소득세, 부가가치세
: 스타트업이 꼭 알아야 할 세금 3종 세트

우리나라 세금의 종류는 총 25가지다. 이 중에서 스타트업은 3가지 세금만 알면 된다. 바로 법인세, 소득세, 부가가치세다. 물론 사업을 하다 보면 업종에 따라 다른 세금도 납부하겠지만, 그런 경우는 드물다. 그리고 면허세, 재산세, 자동차세, 주민세 등은 관할관청에서 고지되며 금액도 크지 않으니, 굳이 절세를 위해 공부하는 것은 큰 의미가 없다.

☞ "소득이 있는 곳에 세금이 있다."

사업에서 소득이 발생하면 당연히 세금을 낸다. 법인 소득에 대한 세금은 법인세, 개인 소득에 대한 세금은 소득세다. 따라서 법인사업자는 법인세, 개인사업자는 소득세가 적용된다. 하지만 법인의 대표와 근로자도 법인으로부터 받는 소득은 소득세를 적용받기에, 법인사업자라고 해도 소득세에 대한 이해가 필요하다. 소득에 대한 세금도 있지만, 사업자가 제품이나 서비스를 제공할 때는 부가가치세도 과세된다. 부가가치세는 사업자가 창출한 부가가치에 대한 세금이다. 따라서 사업자는 부가가치세도 알아야 한다.

법인세, 소득세, 부가가치세의 절세를 위해 먼저 각 세금의 개념과 신고 시기, 세금 계산 구조 등을 알아보자.

☞ "법인세는 회사가 벌어들인 소득에 대해 납부하는 세금이다."

모든 법인은 법인세를 신고, 납부할 의무가 있다. 법인에 소득이 발생하면 법인세를 납부하고, 손실이면 납부하지 않는다. 초기 스타트업은 손실을 보는 경우가 많기에 손익분기점을 넘기 전까지 일반적으로 법인세를 납부하지 않는다. 다만 손실을 보더라도 법인세 신고는 해야 한다. 법인세를 신고하지 않으면 가산세가 나올 수 있으니 주의해야 한다. 수입금액이 있는 경우 법인세 신고를 하지 않으면 수입금액의 0.07%를 부담한다. 일부 대표들은 손실이라 납부할 세금이 없으니 법인세를 신고하지 않아도 된다며 안일하게 생각했다가 불필요하게 가산세를 내는 경우도 있다.

법인세는 사업연도 종료일 말일부터 3개월 내에 신고해야 한다. 일반적으로 12월 결산법인이 많으니 다음 해 3월 말일까지 법인세를 신고, 납부한다. 법인세 신고 시 세금만 계산하여 신고하는 것이 아니라 재무제표, 세무조정계산서, 주주 변동 사항, 감가상각 내역, 유보 내역 등 많은 서류를 첨부하여 제출한다. 일부 첨부 서류를 미제출하거나 잘못 제출했을 때도 가산세가 나오니 주의해야 한다. 또한 법인세 신고 시 제출한 재무제표는 다시 수정할 수 없으니 신중히 신고할 필요가 있다.

법인세가 어떻게 계산되는지 계산 구조를 살펴보자.

	수익
(-)	비용
	당기순이익
(±)	세무조정
	각사업연도소득
(-)	이월결손금, 비과세, 소득공제

(-)	비과세소득
(-)	소득공제
	과세표준
(x)	세율
	산출세액
(-)	공제, 감면세액
(+)	가산세
(+)	감면분 추가납부세액
	총부담세액
(-)	기납부세액
	차감납부세액

표 3. 법인세 계산 구조

법인세 계산은 회계상 이익에서부터 출발한다. 회계상 이익당기순이익에서 세무조정을 거쳐서 세무상 소득각사업연도소득으로 변환하여 법인세율을 적용하여 계산한다. 계산 구조가 복잡해 보이지만 간단히 세무상 소득에 9~24%의 법인세율을 곱하여 계산한다. 이 법인세율은 세법이 개정되면 조정될 수 있다.

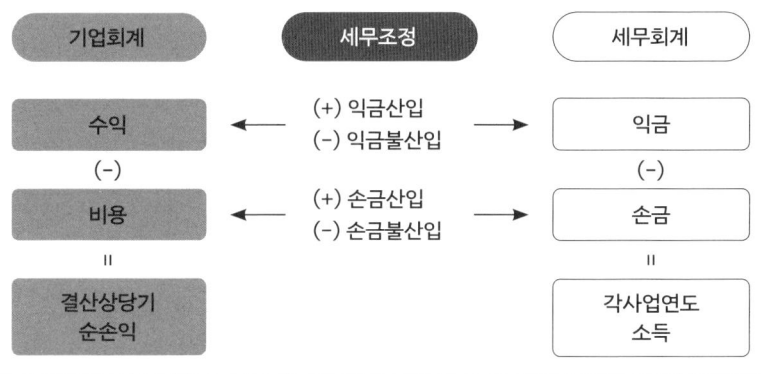

그림 4. 세무조정의 개념(출처: 국세청)

과세표준	세율	누진공제
200,000,000 이하	9%	-
200,000,000~20,000,000,000	19%	20,000,000
20,000,000,000~300,000,000,000	21%	420,000,000
300,000,000,000 초과	24%	9,420,000,000

표 4. 법인세율

그 밖에 공제, 감면세액과 가산세는 뒤에서 다시 설명할 예정이니 우선 넘어간다. 결손금의 개념은 간단히 짚고 넘어가자. 매출보다 비용이 더 커서 회계상 손실이면 납부할 세금이 없는데, 이것을 결손금이라고 한다. 결손금은 법인세 신고 시 이월시켜 나중에 소득이 발생하면 공제할 수 있다. 즉, 현재의 손실로 미래의 세금을 줄이는 것이다. 현행 세법에서는 15년 동안 결손금을 이월시킬 수 있다. 따라서 손실을 봐서 당장 납부할 세금이 없어도 사업에 사용한 비용을 최대한 잘 반영하여 결손금을 이월시켜야 한다.

결산이 마무리되면 주주총회를 통해 재무제표가 확정되고 확정된 재무제표는 법인세 신고 시 과세관청에 제출된다. 또한 재무제표를 확정하면서 이익잉여금을 어떻게 처분할지 결의한다. 이익잉여금이 발생하면 적립하거나 배당금이나 상여금을 지급할 수 있다. 잉여금 처분 내용은 잉여금처분계산서에 기재되어 법인세 신고와 같이 신고한다.

☞ "소득세는 개인이 얻은 소득에 대해 부과되는 세금이다."

소득세에서 말하는 소득은 법인세 소득과 다른 개념이다. 법인세에서 말하는 '소득'은 포괄적으로, 법인의 순자산이 늘어난 모든 거래를 소득으로 보아 과세한다. 하지만 소득세에서 말하는 '소득'의 개념은 열거주의라서,

세법에 열거된 소득에 대해서만 과세한다. 이렇게 열거된 소득은 이자, 배당, 사업, 근로, 연금, 기타, 퇴직, 양도소득으로 총 8가지다. 사실 개인이 얻을 수 있는 소득 종류는 거의 다 포함된 것이다. 직장을 다녀서 돈을 벌거나근로소득, 개인사업을 해서 돈을 벌거나사업소득, 부동산을 팔아서 돈을 벌거나양도소득, 길 가다 돈을 주워도기타소득 소득세가 과세된다. 다만 상장주식 양도로 발생한 소득과 비트코인과 같이 가상화폐 자산의 양도로 발생한 소득은 아직 열거된 소득에 포함되지 않았기에 과세되지 않는다.

개인사업을 운영하는 대표의 소득은 열거된 소득 중 사업소득에 해당하여 소득세가 과세된다. 따라서 소득세 과세 방식을 이해할 필요가 있다. 또한 법인을 운영하는 대표도 소득세를 이해할 필요가 있다. 법인에서 개인에게 소득이 지급되면 소득세가 적용되기 때문이다. 법인이 직원을 고용하면 근로소득을 지급해야 하고, 외부 전문가에게 용역을 의뢰하면 사업소득 혹은 기타소득을 지급해야 한다. 대표 본인도 법인의 근로자이기에 급여를 받으면 근로소득이 발생한다. 또한 지분을 가지고 있어 배당을 받으면 배당소득이 발생한다. 따라서 법인이지만 사업 운영을 위해 개인소득세에 대한 이해가 필요하다.

소득세에 열거된 총 8개의 소득 중 이자, 배당, 사업, 근로, 연금, 기타소득의 6개 소득은 종합소득이라고 해서 소득을 합산하여 세금을 계산해야 한다. 그 외 퇴직, 양도소득은 합산하지 않고 소득별로 계산한다. 종합소득세 신고 기간은 소득이 발생한 다음 해 5월이다. 만약 대표가 법인에서 근로소득을 받으면서 다른 곳에서 강의를 해서 사업소득 혹은 기타소득이 있다면 종합소득세 신고 기간인 다음 해 5월에 합산해서 신고해야 하는 것이다.

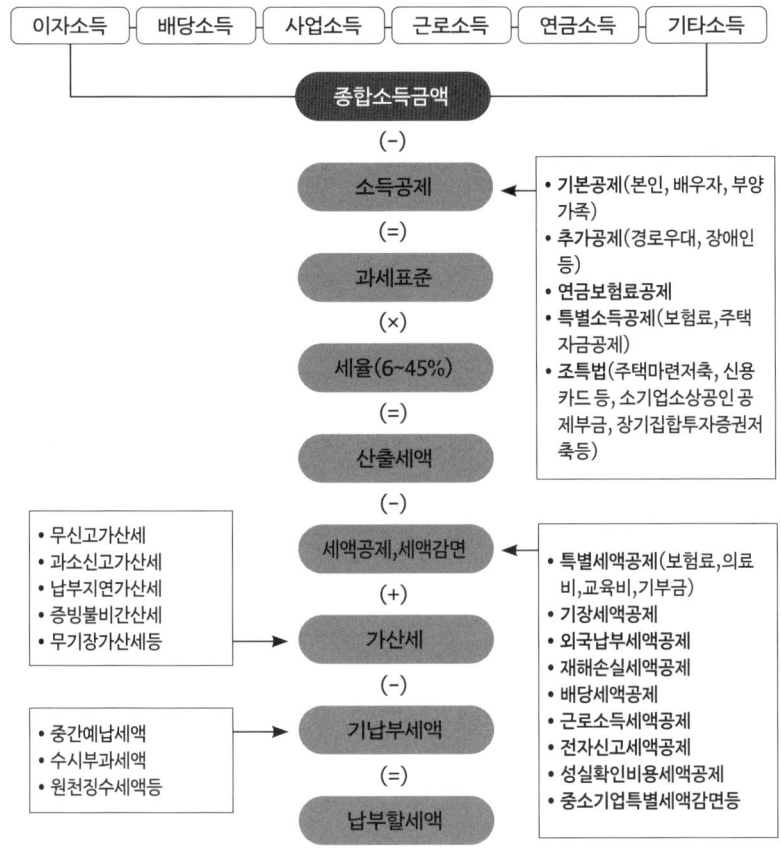

그림 5. 종합소득세 계산 구조(출처: 국세청)

개인사업자도 소득을 산출하는 방식은 법인사업자와 비슷하다. 회계상 이익에서 세무조정을 통해 세무상 소득을 산출한다. 세무상 소득이 소득세법의 사업소득이 되고 종합소득의 일부가 된다. 소득세 계산 구조도 법인세와 비슷해서, 종합소득에서 소득공제를 차감 후 소득세율을 적용하여 세액이 계산된다. 그 후 세액공제, 감면을 차감하고 가산세를 더하여 납부할 세액이 계산된다. 하지만 세부적으로 보면 적용 가능한 소득공제, 세액공제, 세액 감면 항목은 법인세와 다르다.

(단위: 천원)

과세표준	세율	누진공제
14,000 이하	6%	-
14,000~50,000	15%	1,260
50,000~88,000	24%	5,760
88,000~150,000	35%	15,440
150,000~300,000	38%	19,940
300,000~500,000	40%	25,940
500,000~1,000,000	42%	35,940
1,000,000 초과	45%	65,940

표 5. 종합소득세율

 소득세 세율은 6~45%의 누진세율이 적용된다. 누진세는 소득이 늘어날수록 더 높은 세율이 적용되는 것이다. 우리나라 소득세, 법인세는 모두 누진세율이 적용된다. 하지만 부가가치세는 소득에 상관없이 일률적으로 10%의 세율이 적용된다. 이것을 비례세라고 한다. 세금에 누진세를 적용할지, 비례세를 적용할지는 조세 정책의 목적에 따라 달라진다.

 종합소득 중 종합과세되지 않고 분리과세되는 소득도 있다. 분리과세는 다른 종합소득과 합산하지 않고 분리되는 것을 말한다. 예를 들어, 이자소득과 배당소득은 금융소득이라고 해서 연간 2천만 원까지는 15.4% 지방소득세 10% 포함의 세율을 적용받고 분리과세된다. 만약 금융소득이 연간 2천만 원이 넘으면 다른 종합소득과 합산하여 종합과세된다. 또한 일시적으로 발생하는 소득을 기타소득이라고 하는데, 기타소득도 연간 300만 원까지는 22% 지방소득세 10% 포함의 세율을 적용받고 분리과세할 수 있다.

 개인사업자도 결손금을 이월할 수 있다. 사업소득에서 발생한 결손금은 다른 종합소득 이자, 배당, 근로, 연금, 기타소득에서 먼저 공제한 후 남은 결손금은 15년간 이월된다. 사업소득 외 다른 소득에서는 결손금이 거의 발생하지 않는다.

법인사업자는 법인세 신고 시 복식부기로 재무제표를 작성하여 제출해야 한다. 하지만 영세한 개인사업자는 복식부기로 기장하여 재무제표를 작성할 여력이 안 되는 경우도 있다. 그래서 개인사업자는 반드시 복식부기를 해야 하는 복식부기 의무자와 복식부기가 필요 없는 간편장부 대상자로 구분된다. 업종별로 일정 수입금액 이하의 소규모 사업자는 재무제표를 제출할 필요 없이 간편하게 수입과 비용을 정리하여 간편장부로 신고하면 된다. 하지만 의사, 변호사, 변리사와 같이 전문직 사업자는 수입금액과는 관계없이 무조건 복식부기 의무자다.

업종 구분	수입금액 기준
농업·임업 및 어업, 광업, 도매 및 소매업(상품중개업 제외), 부동산매매업, 그 밖에 아래 업종에 해당하지 아니하는 사업	3억 원 미만
제조업, 숙박 및 음식점업, 전기·가스·증기 및 수도사업, 하수·폐기물 처리·원료 재생 및 환경 복원업, 건설업(비주거용 건물 건설업은 제외), 부동산 개발 및 공급업(주거용 건물 개발 및 공급업에 한함), 운수업, 출판·영상·방송통신 및 정보서비스업, 금융 및 보험업, 상품중개업, 욕탕업	1억 5천만 원 미만
부동산임대업, 부동산업(부동산매매업은 제외), 전문·과학·기술서비스업, 사업 시설 관리·사업 지원 및 임대서비스업, 교육서비스업, 보건업 및 사회복지서비스업, 예술·스포츠 및 여가 관련 서비스업, 협회 및 단체, 수리 및 기타 개인서비스업, 가구 내 고용 활동	7,500만 원 미만

표 6. 간편장부 대상자(출처: 국세청)

☞ **"부가가치세란 상품의 판매나 서비스의 제공 시 얻어지는 부가가치에 대하여 과세하는 세금이다."**

부가가치세는 사업자가 창출한 부가가치에 대해 부과하는 세금이지만, 실제 세금의 부담자는 최종 소비자다. 그래서 사업자는 상품 판매 혹은 서비스 제공 시 부가가치세를 징수한다. 우리가 평소 구매하는 상품이나 받는 서비스에는 부가가치세가 이미 포함되어 있다. 사업자는 이렇게 징수한 부가가치세를 신고하고 납부한다. 부가가치세와 같이 세금의 부담자와 납부자가 다른 세금을 간접세라고 한다. 우리나라 부가가치세 세율은 10%다. 부가가치세는 소득세와 달리 과세대상의 크기와 관계없이 10%의 단일세율이 적용된다.

부가가치세 계산구조는 소득세에 비해 단순하다. 부가가치세는 매출세액에서 매입세액을 차감하여 계산된다. 쉽게 말해 매출액의 10%에 매입액의 10%를 차감하면 납부할 부가가치세가 계산된다.

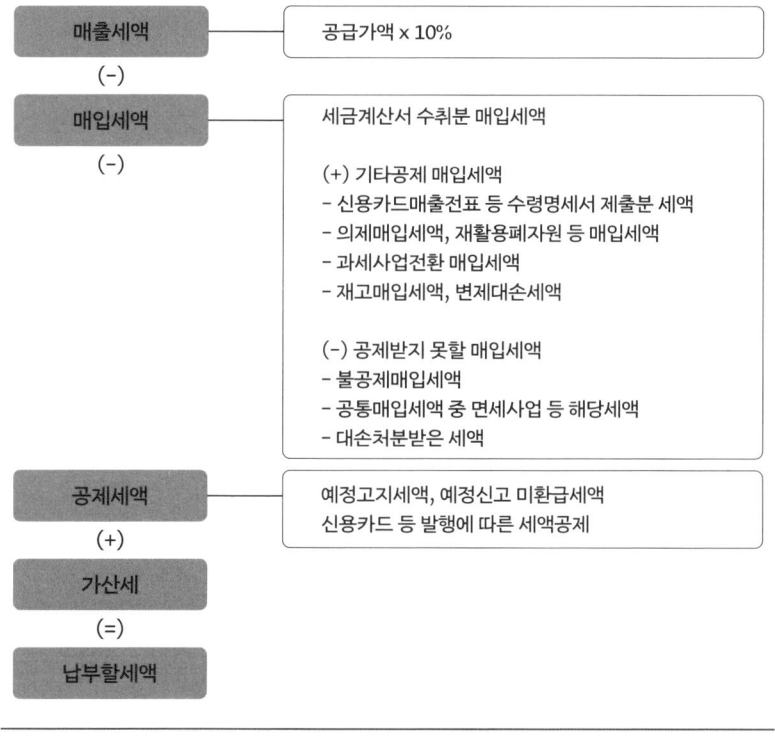

그림 6. 부가가치세 계산 구조(출처: 국세청)

예를 들어보자. 사업자가 500만 원의 재료를 사서 제품을 만든 후 1천만 원에 팔았다면 사업자가 창출한 부가가치는 500만 원이다. 따라서 창출한 부가가치 500만 원에 10%의 세율을 곱하여 50만 원의 부가가치세를 납부한다. 실제 세금의 계산 방식은 매출세액 100만 원에서 매입세액 50만 원을 차감한다.

> 매출세액 : 1,000만 원 x 10% = 100만 원
> 매입세액 : 500만 원 x 10% = 50만 원
> 납부할 부가가치세 : 100만 원-50만 원 = 50만 원

표 7. 부가가치세 계산 예시

법인사업자의 경우 부가가치세는 각 분기의 다음 달 25일까지 신고해야 한다. 따라서 1월, 4월, 7월, 10월 25일까지가 부가가치세 신고 기한이다. 하지만 반기별 매출이 1.5억 원 미만인 소규모 법인과 개인사업자의 경우 1월, 7월에만 직접 신고하면 된다. 4월, 10월에는 신고하지 않고 고지서에 의해 납부하는데, 이를 예정고지라고 한다. 예정고지는 직전 기간 세액의 50%를 고지하여 납부하지만, 사업 부진 등 특별한 사유가 있어 직전 세액의 50% 내는 것이 부담된다면 예외적으로 직접 예정신고를 해서 고지된 세금보다 적게 낼 수도 있다.

과세 기간	과세 대상 기간		신고 납부 기간	신고 대상자
제1기 1.1~6.30	예정신고	1.1~3.31	4.1~4.25	법인사업자
	확정신고	1.1~6.30	7.1~7.25	법인, 개인사업자

제2기 7.1~12.31	예정신고	7.1~9.30	10.1~10.25	법인사업자
	확정신고	7.1~12.31	다음해 1.1~1.25	법인, 개인사업자

표 8. 부가가치세 과세 기간 및 신고 납부 기간(출처: 국세청)

세법에 열거된 특정 제품과 서비스에는 부가가치세를 부과하지 않는다. 금융 서비스, 토지와 같은 생산 요소, 농수산물, 기저귀, 서적과 같은 생활 필수품에 대한 부가가치세는 면제한다. 이는 면세를 통해 소비자 부담을 경감시키는 것이 목적이다. 따라서 이런 사업을 운영하면 부가가치세법상 면세사업자로 분류된다. 면세사업자는 부가가치세 신고 의무가 없고, 세금계산서 합계표만 제출하면 된다.

물품을 수출하거나 외화획득용역을 제공하는 경우에는 영세율이 적용된다. 영세율은 면세와 다른 개념으로, 면세는 부가가치세 대상이 아니지만 영세율은 그 대상이다. 다만 영세율이 적용되면 매출에 10%가 아닌 0%의 세율이 적용된다. 따라서 납부할 매출세액은 없고, 매입세액이 있으면 부가가치세 환급도 해준다. 소비지국 과세 원칙에 의해 우리나라에서 0%의 부가가치세를 적용해주는 것이다.

02 | 절세는 단순한 비용 절감이 아니다
: 스타트업 절세의 본질

☞ "돈은 최대한 많이 벌고 싶은데, 세금은 최대한 적게 내고 싶어요."

일반적인 사람들의 솔직한 마음일 것이다. 세무 상담을 해보면 대표들이 가장 관심을 가지는 부분이 바로 절세다. 초기 스타트업은 자금이 부족하기에 어떻게 세금을 줄일 수 있는지가 더욱 중요할 것이다. 하지만 절세에 왕도는 없다. 세금을 줄이기 위해 무리하게 편법이나 탈세 행위를 하면 세무 리스크를 키워 더 큰 손실을 가져온다. 세법의 테두리 내에서 최대한 세금을 이해하고 줄이도록 노력해야 한다. 세법이 어렵고 복잡해 보이지만 그 본질은 명확하므로, 절세의 본질을 이해하는 것이 우선이다.

사업자가 내는 세금은 법인세, 소득세, 부가가치세라고 했는데, 법인세, 소득세는 발생한 소득에 부과하는 세금이고 부가가치세는 거래 단계에서 창출한 부가가치에 부과하는 세금이다. 따라서 소득세와 부가가치세의 세금 계산 구조가 다르다. 절세의 본질을 이해하기 위해 법인세, 소득세의 절세와 부가가치세 절세를 나누어서 알아보는 것이 좋다.

먼저 법인세, 소득세 절세의 본질을 살펴보자. 앞 장에서 살펴보았듯이 법인세와 소득세의 계산 구조는 비슷하다. 따라서 법인세와 소득세는 절세의 본질이 비슷하다.

앞의 〈표 3〉을 살펴보면, 계산 구조가 복잡해 보이지만 결국 (-) 항목이 많고 (+) 항목이 적으면 세금은 줄어든다. (-) 항목은 비용, 차감 세무조정,

세액공제, 세액감면으로, 이것이 많을수록 절세가 많이 된다. 또한 (+) 항목인 가산 세무조정, 가산세가 없어야 세금이 줄어든다.

결국 절세의 본질은 세법상 인정되는 비용이 많을수록, 적용되는 세액공제, 세액감면이 클수록, 불필요한 가산세가 없을수록 많이 된다는 것이다. 구체적인 절세 방법은 다음 장부터 자세히 살펴보겠다.

〈그림 6〉을 살펴보면, 부가가치세 계산 구조는 매출의 10% 세액에서 매입의 10% 세액을 차감하여 계산한다. 사실 부가가치세는 계산 구조상 절세하기가 어렵다. 부가가치세는 간접세이기에 상품을 공급하거나 서비스를 제공하며 징수한 부가세는 반드시 납부해야 하는 것이다. 따라서 부가가치세는 공제 가능한 매입세액이 많을수록, 가산세가 적을수록 절세할 수 있다. 당연해 보이지만, 이것이 부가가치세 절세의 본질이다. 매입세액공제는 이번 장에서, 가산세는 뒤에서 자세히 알아보려 한다.

부가가치세 절세의 본질은 우선 공제되는 매입세액이 많을수록 부가가치세가 줄어든다는 것이다. 매입세액은 매입액에서 10%를 적용하여 계산되므로, 매입액이 많아야 한다. 하지만 사업에 사용한 비용과 부가가치세에서 말하는 매입의 범위는 다르다. 부가가치세에서 말하는 매입은 사업자가 국내 부가가치세를 부담하고 지불한 비용에 한정된다. 따라서 인건비는 본래 부가가치세 과세 대상이 아니니 아무리 많이 지출해도 부가가치세 공제가 되지 않는다. 또한 해외 출장에서 사용한 카드 내역은 국내 부가가치세를 부담한 것이 아니니 국내에서 공제되지 않는다. 비용을 많이 지출하고도 부가가치세가 많이 나온다면 이런 이유 때문이다.

매입은 반드시 법적 증빙을 구비해야 부가가치세 공제가 가능하다. 법적 증빙은 세금계산서, 현금영수증, 신용카드이므로, 물품을 구매하고 간이영수증을 받았다면 부가가치세 공제가 안 되니 주의해야 한다. 그리고 법인카드가 아닌 개인카드를 사용해도 매입세액 공제가 가능하지만 이 경우에도 반드시 신용카드 증빙을 구비해야 한다.

부가가치세법에는 무조건 매입세액 공제가 안 되는 항목이 있다. 이런 매입 내역은 아무리 많이 지출하고 법적 증빙을 잘 갖추어도 이유 불문하고 공제되지 않기에 부가가치세 절세가 되지 않는다.

- 세금계산서 필요적 기재 사항 누락
- 사업과 관련 없는 지출
- 비영업용 소형승용차 구입, 유지 및 임차에 관한 지출
- 업무추진비 관련 지출
- 면세 사업 관련 지출
- 토지의 자본적 지출
- 사업자등록 전 매입세액

표 9. 부가가치세 매입세액 불공제 항목

세금계산서 필요적 기재 사항을 누락한다거나 사업과 관련 없는 지출은 부가가치세 공제가 안 된다. 또한 차량 관련 비용과 업무추진비는 아무리 많이 지출해도 매입세액 공제가 되지 않는다. 차량 관련 비용은 사업용과 개인용을 구분하기가 모호해서 세법에서 일괄적으로 공제해주지 않는다. 또한 업무추진비는 유흥의 성격이 있기에 일괄적으로 공제해주지 않는다.

차량 관련 비용 중 운행 기록에 따라 사업에 사용한 부분은 공제해주는 게 합리적이라고 생각한다. 또한 직원들과 식사한 것은 복리후생비로 매입세액 공제가 되는데, 거래처와 식사한 것은 업무추진비로 무조건 공제가 되지 않는 것도 불합리하다. 업무추진비도 유흥적 성격이 없는 부분은 공제해주는 것이 합리적이지만 어느 선까지 공제해줄지 기준이 애매하다는 이유로 현행 세법상 전부 불공제로 처리된다. 하지만 세법 규정을 무시할

수는 없으며 사업상 이런 비용을 지출하지 않을 수도 없으니, 적당히 사용하는 수밖에 없다.

면세사업자는 부가가치세 과세 대상이 아니니 납부하거나 공제받을 부가가치세가 없다. 따라서 부가가치세 과세가 되는 사업을 영위하는 과세사업자가 면세 매입이 있더라도 공제되지 않는다. 면세 품목을 매입할 때 부가가치세를 부담하지 않고 매입하기 때문이다. 하지만 면세 매입이 많은 음식점, 제조업을 영위하는 과세사업자는 예외적으로 농산, 축산, 수산, 임산물 면세 매입에 대해 2/102~9/109의 의제매입세액을 공제받을 수 있다. 따라서 해당 면세 계산서, 카드영수증 증빙을 잘 구비하면 부가가치세를 줄일 수 있다.

업종	구분		공제율
음식점	개인사업자	과표 2억 원 이하	9/109
		과표 2억 원 초과	8/108
	법인사업자		6/106
	과세 유흥 장소		2/102
제조업	최종소비자 대상 개인사업자		6/106
	중소기업, 개인사업자		4/104
	그 밖의 사용자		2/102

표 10. 의제매입세액 공제율

사업자등록 전 매입세액은 공제되지 않으니, 창업을 준비할 때 사업자등록을 늦추지 않는 것이 좋다. 다만 상반기 매입이 있다면 7월 20일까지, 하반기 매입이 있다면 다음 해 1월 20일까지 사업자등록을 하면 소급해서 공제가 가능하다.

03 비용 처리의 기술
: 어디까지가 사업 경비일까?

☞ "세무사님, 사업용 경비를 어떻게 써야 절세할 수 있죠?"

창업한 지 얼마 안 되는 사업자들이 이런 질문을 할 때가 많다. 법인카드를 발급했는데 여기저기 막 사용하는 대표도 있고, 큰일날까 봐 조심스럽게 사용하는 대표도 있다. 절세의 본질에서 살펴보았듯, 절세를 위해서는 세법상 인정되는 비용이 많아야 한다. 법인세 계산 구조를 보면 세금은 회계상 당기순이익에서 세무조정을 거쳐 세법상 개념인 소득에 부과되는 것이다. 따라서 회계상 비용이 많아야 당기순이익과 소득이 줄어들고 세금이 줄어든다. 하지만 세금을 줄이기 위해 불필요한 비용을 지출하는 것은 어리석다. 사업에 필요한 비용을 지출했다면 정당하게 인정받아야 한다.

그렇다면 비용을 세법상으로 인정받는다는 것은 어떤 뜻일까? 회계상 비용이 세무조정으로 부인되어서는 안 된다는 것이다. 세무조정은 회계상 비용을 세법상 비용으로 인정해줄지 조정하는 것이다. 세법상 비용을 손금이라고 하는데, 굳이 기억하지 않아도 좋다. 비용을 지출했다고 해서 모두 세법상 비용으로 인정받는 것이 아니다. 회계와 세법의 목적이 다르기에 인정 범위가 조금 다르다. 따라서 사업 경비로서 부인되는 부분 없이 최대한 세법상 비용으로 인정받도록 지출하는 것이 현명한 방법이다. 비용 지출은 성격에 따라 계정과목으로 나뉘는데, 절세를 위해서 계정과목별로 회계와 세무의 차이를 이해할 필요가 있다. 계정과목을 이해하기 전에 세법상 비용 처리의 대전제를 알아야 한다.

☞ "세무사님, 집 월세도 경비로 처리되나요?"

간혹 이렇게 질문하는 대표도 있다. 세법상 비용 인정의 대전제는 사업의 필요성 여부다. 다시 말해 사업에 필요하지도 않은 개인적 용도의 지출은 아무리 많아도 비용으로 인정되지 않는다. 사업에 필요한 범위는 제한이 없는데, 업종이나 사업 환경 등에 따라 다를 수 있기 때문이다. 사업의 필요성은 합리적으로 증명할 수 있으면 된다. 예를 들어, 대표 집 월세는 사업의 필요성이 없어 세법상 비용으로 인정되지 않지만, 회사가 직원을 위해 사택을 제공한 경우에는 월세도 비용으로 인정받을 수 있다. 또한 대표가 백화점에서 명품을 사서 가족에게 주었다면 사업의 필요성이 없지만, 직원에게 우수 사원 선물로 주었다면 사업의 필요성이 인정될 수 있다.

다만 과도한지는 따로 따져봐야 한다. 적정 금액은 복리후생비로 처리할 수 있지만, 엄청 비싼 명품은 내부 기준도 없이 특정 인원에게만 주었다면 사업의 필요성을 인정받기 힘들 수 있다. 금액적으로 과도한지에 대해 세법에서는 사회통념상 타당하다고 인정되는지를 기준으로 한다. 즉, 사회통념을 넘어서면 비용으로 인정되지 않는다. 사회통념은 일반적이고 건전한 상식적 기준이라는 것인데 모호한 개념이다. 이런 경우에는 부득이하게 사안별로 판단할 수밖에 없다.

사업의 필요성이 있더라도 경비 지출에 대한 세법상 비용으로 인정받지 못하는 경우도 있다. 세법은 조세 부과를 목적으로 하기에 세금 부과의 용이성이나 정책적 목적에 의해 비용 인정 범위를 기업회계와는 다르게 본다. 대부분은 회계와 세법의 비용 인정 범위가 같으니, 차이가 나는 주요 계정과목만 이해하면 된다.

업무추진비

세법상 한도가 있는 비용 계정과목이 있다. 대표적으로 업무추진비와 차량유지비다. 차량유지비는 뒤에서 자세히 알아보겠다. 업무추진비는 과거 접대비라는 명칭을 사용했는데, 세법 개정을 통해 2024년부터 업무추진비로 명칭이 바뀌었다. 업무추진비는 고객을 위해 지출한 비용이라고 보면 된다. 고객과 골프를 치거나 술을 마시거나 선물을 사는 것 모두 업무추진비에 속한다. 또한 고객과 가벼운 식사를 하거나 커피를 마셔도 업무추진비다. 사업을 하다 보면 필수적으로 지출하는 항목이지만, 사업상 필요와 유흥적 성격이 공존하기에 세법에는 한도를 두고 있다. 세법상 업무추진비 한도는 다음과 같다.

업무추진비 한도=① 일반 한도 + ② 수입금액 한도

① 일반 한도: 3,600만 원(비중소기업 1,200만 원)
② 수입금액 한도: 수입금액에 따라 0.3~0.03%
        100억 원 이하:0.3%
        100억 원 초과~500억 원 이하: 0.2%
        500억 원 초과: 0.03%

간단하게 3,600만 원이 한도라고 기억하면 된다. 따라서 이를 초과하면 세법상 비용으로 인정받을 수 없다. 또한 업무추진비의 경우 다른 계정과목에 비해 증빙 규정이 더욱 까다롭다. 법인의 경우 법인카드만 사용해야 한다. 일반적 비용 지출은 개인카드를 사용해도 인정되지만, 업무추진비는 3만 원 초과 시 개인카드를 사용하거나 간이영수증을 받으면 세법상 비용으로 인정되지 않는다. 건당 20만 원 이하의 경조사비를 지출했다면 업무추진비로 인정된다. 경조사비는 법적 증빙을 받을 수 없기에 증빙으로 청첩장, 부고장 등을 모아두어야 한다. 다만 건당 20만 원을 초과하여 지출한다면 전체 금액을 비용으로 인정받을 수 없으니 주의해야 한다.

감가상각비

세법에는 자산별 감가상각 방법과 내용연수 기준이 규정되어 있다. 세법 기준이 회계 기준과 다른 경우도 있다. 이런 괴리를 줄이기 위해 회계 기준으로 적용하길 원한다면 과세관청에 내역을 신고해야 한다. 세법상 감가상각비는 상각 범위액을 초과하지 않는 한 선택적으로 계상할 수 있다. 따라서 장부에 감가상각비를 계상하지 않아도 세법상으로는 문제없다. 하지만 상각 범위액보다 많이 감가상각비를 계상했다면 초과된 부분은 해당 연도에 비용으로 인정되지 않는다.

예를 들어, 자동차는 세법상 의무적으로 5년 정액법으로 감가상각한다. 만약 내용연수를 5년보다 더 줄였거나, 정률법으로 감가상각하여 상각 범위액보다 더 많이 계상했다면, 초과하는 부분은 해당 연도의 세법상 비용으로 부인된다. 이렇게 부인된 감가상각비는 세법상 감가상각비 한도가 남을 때 다시 세법상 비용으로 인정된다. 즉, 감가상각비 한도를 초과하면 비용으로 처리되는 시기가 달라지는 것이다.

급여, 상여금, 퇴직금

직원에 대한 인건비는 모두 비용으로 인정된다. 하지만 임원에 대한 인건비는 세법에서 까다로운 항목이다. 임원이 이유 없이 보수 규정을 초과하여 과다한 급여, 상여금, 퇴직금을 받는다면 세법상 비용으로 인정되지 않는다. 더구나 정관에 임원 보수 규정이 없는데 임원 상여금을 지급했다면 전액 부인되니 주의해야 한다. 임원 퇴직금은 보수 규정이 있으면 보수 규정을 한도로, 없으면 세법 규정을 한도로 비용 처리가 가능하다. 따라서 정관에 임원 보수 규정을 잘 구비해야 한다.

퇴직금은 직원이 퇴직한 시점에 일시에 지급되며 그 시점에 세법상 비용으로 인정된다. 따라서 회계상 매년 퇴직급여충당금을 인식해도 세법상 비용으로 인정되지 않는다. 직원이 실제 퇴직하지 않으면 회사의 지급 의무는 계속 늘어나지만, 실제 퇴직금을 지급할 때까지 절세 효과는 없다. 그런데 퇴직금을 매년 비용 처리할 수 있는 방법이 있다. 퇴직연금에 가입하면 된다. 퇴직연금에 가입하고 매년 불입하면 비용으로 인정된다. 따라서 회사 자금 여유가 있으면 퇴직연금에 가입하는 것을 추천한다. 퇴직연금은 확정기여형퇴직연금 DC, 확정급여형퇴직연금 DB이 있다.

복리후생비

직원들을 위해 지출한 비용은 복리후생비로 처리된다. 회식하거나 커피를 마시거나 직원들에게 명절 선물을 주는 것이 모두 복리후생비에 속한다. 복리후생비는 세법상 한도는 없다. 하지만 복리후생비가 너무 과도하면 사업 목적으로 지출한 비용이 맞는지 과세관청의 의심을 받을 수 있다. 따라서 직원들을 위한 회식비, 간식비, 경조사비, 출장비 등에 대한 내부 기준을 마련하는 게 좋다. 사회통념상 인정되는 범위이면 세법상 비용으로 인정해준다. 하지만 사회통념이 불명확한 기준이기에 내부 기준을 합리적으로 설정하여 공정하게 시행할 필요가 있다. 참고로 급여를 지급할 때 20만 원의 식대를 비과세로 적용하면서 회사에서 지속적으로 현물 식사를 제공할 경우에는, 직원의 소득세 비과세를 적용할 수 없다.

이자 비용

대출 이자도 비용으로 처리된다. 여기서 말하는 대출은 사업 목적 대출을 말한다. 개인 집을 구매하기 위한 대출은 사업의 필요성이 없기에 비용으로 인정되지 않는다. 사업 목적 대출에 대한 이자를 지급했더라도 회계와 다르게 업무무관자산이나 가지급금에 대한 이자는 비용으로 인정되지 않는다. 따라서 이런 자산이 있으면 세금이 더 많이 나온다. 업무무관자산이란 업무에 직접 사용되지 않는 부동산이나 서화, 골동품 등이 해당한다. 따라서 업무무관자산이나 가지급금은 보유하지 않는 편이 좋다.

세금과 공과금

재산세, 주민세, 등록면허세 등은 비용으로 인정되지만, 법인세, 지방소득세, 농어촌특별세는 세법상 비용으로 인정되지 않는다. 이는 법인세 계산을 위한 비용에 법인세와 법인세 관련 세금 자체가 들어가는 것이 모순되기 때문이다. 또한 법규 위반으로 발생한 벌금, 과태료, 가산금, 가산세 등도 세법상 비용으로 인정되지 않는다. 예를 들어, 건강보험 가산금, 주차 위반으로 발생한 과태료, 세금 신고를 불성실하게 하여 발생하는 가산세 등이다. 이는 법 규정 준수를 강제하기 위한 제재의 성격이다.

기부금

기부금은 비용으로 반영되는 세법상 한도가 있다. 회사가 이익이 발생해야 기부금도 비용으로 인정되는 것이다. 회사가 이익이 나지 않는데 기부하면 기부금은 이월되어 추후 이익이 발생한 해에 비용으로 처리된다. 기부할 때도 아무 곳에나 기부하면 안 된다. 학교, 어린이집, 사회복지법인 등 세법 규정에 열거된 곳에 기부해야 하며, 그 외의 곳은 세법상 비용으로 인정받지 못한다.

지출한 경비에 대해 세법상 비용으로 인정받기 위해서 적격 증빙이 필요하다. 적격 증빙이란 법적 지출 증빙을 의미하며, 세금계산서, 계산서, 신용카드, 현금영수증이 있다. 원칙적으로 이런 증빙을 갖추지 못하면 세법상 비용으로 인정받지 못한다. 다만, 비용 지출에 대한 증빙이 있는데 법적 증빙이 아니면 2%의 증빙불비가산세를 부담 후 비용으로 인정할 수 있다. 따라서 절세를 위해서는 비용 지출 시 적격 증빙을 받는 습관을 길러야 한다. 하지만 사업을 하다 보면 모든 지출에 대해 적격 증빙을 받기 어려울 수 있다. 그래서 건당 3만 원 이하 소액거래에 대해서는 예외적으로 간이영수증으로도 정당하게 비용으로 인정받도록 규정되어 있다. 간이영수증이란 거래로 주고받는 정해진 형식이 없는 영수증을 말한다.

적격 증빙이 아니더라도 세법상 정당하게 비용으로 인정받는 증빙도 있다. 인건비를 지급하고 과세관청에 원천세를 신고하면 그 원천징수영수증으로 정당하게 비용 처리가 가능하다. 또한 국외에서 비용 지출 시 국내 적격 증빙을 받을 수 없으니 해외 영수증이나 인보이스를 구비하면 정당하게 비용 처리 가능하다. 대출 이자나 보험료를 지급한 경우 관련 계약서 및 이체 내역이면 되며, 건당 20만 원 이하의 경조사비를 지출한 경우 청첩장, 부고장으로 정당하게 비용 처리가 가능하다.

구분	증빙 자료
적격 증빙	세금계산서
	계산서
	신용카드
	현금영수증
그 외 인정 가능 증빙	원천징수영수증
	국외 거래 시 인보이스, 영수증
	금융, 보험 용역 계약서, 이체 내역
	20만 원 이하 경조사비 청첩장 등
	농어민과의 거래 내역
	국가, 지방자치단체와 거래 내역

표 11. 적격 증빙 종류

04 | 절세 혜택 놓치지 않기
: 스타트업이 활용할 수 있는 세액공제, 감면

> "절세 혜택은 아는 사람만 받을 수 있습니다."

필자가 세무 강의에서 자주 하는 말이다. 법인세, 소득세 절세 중 합법적으로 가장 많이 세금을 줄일 수 있는 방법이 세액공제, 세액감면을 활용하는 것이다. 세법에서는 정책적 목적으로 여러 가지 조세 지원 제도를 마련하고 있다. 예를 들어, 특정 업종의 창업, 고용 창출, 수도권과 지방을 균형 발전을 장려하기 위해 다양한 조세 지원을 하고 있다. 스타트업을 운영하는 대표도 내가 받을 수 있는 조세 지원 제도가 어떤 것이 있는지 반드시 확인해야 한다. 조세 지원 제도를 아는지 여부에 따라 납부해야 할 세금이 상당히 차이날 수 있다.

이런 세액공제, 세액감면 규정은 정책적 목적에 따라 매년 변경될 수 있다. 혜택이 강화되기도 하고 없어지기도 하니 매년 규정을 확인해보아야 한다.

세액공제, 세액감면의 혜택을 잘 받으면 경우에 따라 100% 세금을 감면받을 수도 있다. 자금이 부족한 스타트업에는 특히 굉장히 유용한 제도다. 하지만 혜택받기 위한 요건이 까다로울 수 있으며, 자칫 잘못 세액공제를 적용했다가 추후 큰 가산세를 부과받기도 한다. 따라서 실제 세액공제, 세액감면 적용 시에는 반드시 전문가와 상의해야 한다.

구분	지원 내용(중소기업 기준)
창업중소기업에 대한 세액감면	창업 중소기업 등의 최초 소득 발생 과세 연도 및 이후 4년간 50~100% 세액감면
중소기업특별세액감면	중소기업의 제조업 등 열거된 소득에 대해 5~30%를 세액감면
통합고용 세액공제	고용 증가 인원 1인당 850~1,550만 원 세액공제
근로소득 증대 세액공제	직전 3년 평균 초과 임금 증가분 × 20% 세액공제 + 정규직 전환 근로자의 전년 대비 임금 증가액 합계 × 20% 추가 공제
성과공유 중소기업 세액공제	상시근로자(임원, 총급여 7천만 원 초과인 자 제외)에게 경영 성과급을 지급하는 경우(목표 달성에 따른 성과급 지급을 사전에 서면 약정하고 지급한 것에 한함) 10% 세액공제
연구인력개발비 세액공제	신성장동력연구개발비 등 최대 40%+일반 연구인력개발비에 대하여 25% 세액공제
통합투자 세액공제	각종 시설 투자 금액의 10~25% 기본공제+직전 3년 평균 투자액 초과분의 3% 추가 공제
공장(본사) 등 지방 이전 세액감면	수도권과밀억제권역 안에 있는 본사·공장을 지방으로 이전할 시 이전 후 공장에서 발생하는 소득에 대하여 7년간 100%, 그 후 3년간 50% 세액감면

표 12. 주요 세액공제, 세액감면 제도

그렇다면 세액공제와 세액감면에는 어떤 차이가 있는지 궁금할 것이다. 같은 조세 지원 제도라도 세액공제와 세액감면은 개념상 차이가 있다.

세액감면은 세법에 따라 계산된 법인세, 소득세의 일정 비율을 감면해주는 것이다. 예를 들어, 법인세 20% 감면이 적용되면 세금의 20%가 줄어드는 것이다. 한편, 세액공제는 세금에서 일정 금액을 공제해주는 것이다. 예를 들어, 1,450만 원의 세액공제액이 정해지면 계산된 세금이 얼마든 상관없이 1,450만 원이 공제된다.

세액감면과 세액공제의 가장 큰 차이는 이월 여부다. 세액감면은 해당 연도에 납부세액이 없어서 적용받지 못하면 그 혜택이 사라져버린다. 하지만 세액공제는 그 혜택을 10년간 이월시켜 미래의 세금을 줄일 수 있다. 예를 들어, 계산되어 납부할 세금이 1천만 원이고 적용 가능한 세액공제가 1,450만 원이면, 납부할 세금 1천만 원을 모두 공제해주고 남은 450만 원

구분	세액감면	세액공제
개념	계산된 세액에 일정 비율을 공제	일정 금액을 공제(계산된 세액과 관계없음)
예시	세액의 20% 감면 (계산된 세액 1천만 원인경우 200만 원 감면)	1인당 1,450만 원 공제 (계산된 세액 1천만 원인경우 1천만 원 감면, 450만 원 이월)
이월 여부	이월 안 됨	10년간 이월
기한 후 신고 시	적용 배제	적용 가능
감가상각의제	적용	적용되지 않음
소득 구분 계산서	작성 필요	필요 없음
사례	중소기업특별세액감면 창업중소기업에 대한 세액감면 공장 지방 이전 세액감면	통합고용 세액공제 연구인력개발비 세액공제 통합투자 세액공제

표 13. 세액공제, 세액감면 비교

은 내년으로 이월된다.

주의할 사항은 기한 후 신고 시 세액공제는 적용이 가능하나 세액감면은 적용이 안 된다는 것이다. 자칫 법인세, 소득세 세금 신고 기한이 지나면 세금 혜택을 놓칠 수 있으니 반드시 기한 내에 신고하도록 주의해야 한다. 그렇다고 세액공제가 세액감면보다 반드시 좋은 것만은 아니다. 경우에 따라 세액감면으로 줄어드는 세금이 훨씬 클 수 있다. 어쨌든 둘 다 세금을 줄여주는 고마운 제도다.

스타트업에 특히 유용한 세액공제, 세액감면 규정을 몇 가지 소개하겠다. 창업중소기업 세액감면제도는 스타트업에 매우 중요한 내용이니 다음에서 자세히 다룰 것이다. 여기서는 통합고용 세액공제와 성과공유 중소기업 세액공제, 연구인력개발비 세액공제에 대하여 간단히 알아보겠다.

통합고용 세액공제

고용 인원이 늘어나는 경우 증가한 근로자 1인당 일정한 금액을 세금에서 공제해준다. 사업을 하다 보면 고용 인원이 발생한다. 이때 고용 관련 세제 혜택을 반드시 챙겨야 한다. 기존 세법의 다양한 고용 관련 세액공제가 통합되어 2023년부터는 통합고용 세액공제를 적용받을 수 있다. 혜택이 꽤 큰 편으로, 전년도에 비해 증가한 인원에 대해 중소기업은 1인당 850~1,550만 원의 세액을 공제받을 수 있다.

구분	공제액(단위: 만원)			
	중소		중견	대기업
	수도권	지방		
상시근로자	850	950	450	-
청년정규직 장애인, 60세이상 경력단절여성 등	1,450	1,550	800	400

표 14. 통합고용 세액공제 금액(출처: 국세청)

세액공제 금액은 사업장의 위치나 청년 근로자 여부에 따라 달라진다. 여기서 청년은 만 15~34세를 가리킨다. 수도권에 사업장이 있고 청년을 채용했다면 1,450만 원을 세금에서 공제해준다. 더구나 고용 인원이 줄지 않는다면 해당 공제금액을 총 3년간 적용받을 수 있다. 수도권에서 청년을 채용하고 고용 인원을 유지하면 3년간 총 4,350만 원의 혜택을 적용받는 것이다. 또한 정규직 전환자나 육아휴직 복귀자가 있다면 추가적으로 1,300만 원을 공제해준다. 다만 사후관리 규정도 있다. 만약 세액공제를 받고 2년 내로 고용 인원 수가 줄어들면 기존에 공제받았던 세금이 추징되니 주의해야 한다. 또한 해당 세액공제를 적용받는 경우 공제받는 세금에 대해

20%의 농어촌특별세가 부과된다.

성과공유 중소기업 세액공제

성과공유제를 실시한 기업은 세제 혜택을 받을 수 있다. 자금이 부족한 스타트업은 구성원들의 인건비가 늘 부담이 된다. 하지만 성과급은 성과를 창출한 경우에 지급하는 거라 반드시 부담이라고만 볼 수 없다. 성과공유제도를 도입해 구성원 동기 부여도 하고 세제 혜택도 받을 수 있으니 일석이조라고 볼 수 있다. 경영성과급을 지급한 기업은 성과급 지급액의 10%에 대해 법인세, 소득세 세액공제를 받을 수 있다. 만약 구성원들에게 성과급으로 총 1억 원을 지급했다면 1천만 원, 5천만 원의 성과급을 지급했다면 500만 원의 세액공제를 받을 수 있다.

다만 성과급을 지급한 기업이 모두 세제 혜택을 받는 것은 아니다. 우선 중소기업이어야 하며, 중소벤처기업진흥공단에서 성과공유기업으로 확인받아야 한다. 그리고 경영 목표 설정 및 목표 달성에 따른 성과급 지급을 사전에 서면 약정하고 지급한 성과급에 한해 혜택을 받을 수 있다. 주의할 사항도 있다. 상시근로자 수가 직전 연도보다 감소했다면 이 혜택을 적용받을 수 없다. 또한 세액공제를 적용받는 경우 공제받는 세금에 대해 20%의 농어촌특별세가 부과된다.

경영성과급을 지급받은 근로자에게도 혜택이 있다. 성과공유제를 통해 경영성과급을 지급받은 근로자에게는 지급액에 대한 소득세 50%를 세액 감면을 받는다. 하지만 총급여 7천만 원 이상인 근로자와 최대 주주 그리고 최대 주주의 배우자, 직계존비속 등은 혜택이 제외된다.

연구인력개발비 세액공제

R&D 투자를 활성화하기 위해 기업이 연구개발 활동을 하는 경우 세액공

제를 해준다. 공제 요건에 해당한다면 꽤 큰 금액의 세제 혜택을 받을 수 있다. 우선 세액공제를 받기 위해서는 관련 규정에 따라 기업 부설 연구소나 연구개발 전담 부서를 설치해야 한다. 이곳에서 연구개발을 위해 사용한 비용에 대해 중소기업은 25%의 세액공제를 받을 수 있다. 이런 비용에는 연구개발 전담 부서 연구원의 인건비, 재료비, 시설 임차비 및 이용료, 특정 연구 기관에 지출한 기술개발 위탁비 등이 있다. 예를 들어, 연구개발 전담 부서 연구원이 2명 있고 2명의 연봉이 총 1억 원이라면 2,500만 원의 세액공제를 받는다.

- 연구인력개발비의 일정 금액을 해당 과세연도의 법인세(소득세)에서 공제
- 세액공제액=(1)+(2)+(3)

(1) 신성장·원천기술연구개발비×최대 40%
* 30%+Min(수입금액 대비 신성장 R&D 비중×3배, 10%)

(2) 국가전략기술연구개발비×최대 50%
* 40%+Min(수입금액 대비 국가전략기술 R&D 비중 × 3배, 10%)

(3) max (① 증가분 방식, ② 당기분 방식)
① 직전연도 연구인력개발비를 초과한 금액의 50%
② 당해연도 연구인력개발비의 25%

- 신성장·원천기술의 범위: 14개 분야 270개 기술(조특령 별표7)
- 국가전략기술의 범위: 7개 분야 66개 기술(조특령 별표7의2)

표 15. 연구개발비 세액공제 내용(출처: 국세청)

신성장연구개발비, 원천기술연구개발비에 대해서는 최대 40%의 세액공제를 받을 수 있다. 신성장, 원천기술에는 자율주행차, 전기자동차, 인공지능, 사물인터넷, 빅데이터 등의 다양한 분야가 있다. 연구인력개발비 세액

공제는 공제받은 금액에 대해 20%의 농어촌특별세가 부과되지 않기에 다른 세액공제에 비해 유리하다. 세액공제 대상 인건비는 기업 부설 연구소 또는 연구개발 전담 부서에서 연구에 전담하는 연구원의 인건비에 한정된다. 연구 업무와 다른 업무를 병행하는 경우에는 공제 대상에서 제외되며, 연구 업무에 종사하지 않는 연구 관리 직원도 제외된다. 그리고 정부지원금을 받아서 지출한 비용은 연구, 인력개발비 세액공제에서 배제된다.

세액공제를 받기 위해서는 법에서 규정한 서류를 잘 준비해야 하는데, 연구개발계획서, 연구개발보고서, 연구노트를 작성하여 5년간 보관해야 한다. 이는 형식적으로 기업 부설 연구소를 설립하고 실제로는 연구개발 활동을 하지 않는 폐해를 막기 위해서다.

이처럼 세액공제, 세액감면을 받으면 절세되는 혜택이 크다. 하지만 공제 및 감면 적용 시 주의 사항도 있다. 법인세, 소득세 신고 시 반드시 공제 또는 감면 적용 신청을 해야 한다. 요건이 된다고 해도 자동으로 적용되지 않는다. 만약 세금 신고 시 세액공제, 세액감면을 적용하지 못했더라도 방법은 있다. 5년 내 경정청구를 하여 기존에 냈던 세금을 돌려받을 수 있다. 경정청구에 대해서는 뒤에서 자세히 알아보겠다.

세액공제와 세액감면은 중복 적용이 되지 않는 경우가 많으니 주의해야 한다. 예를 들어, 세액감면 항목끼리는 중복 적용이 되지 않는다. 또한 창업중소기업 세액감면과 통합투자 세액공제는 중복 적용되지 않는다. 하지만 창업중소기업 세액감면과 통합고용 세액공제는 중복 적용이 가능하다. 이렇게 항목마다 중복 적용 여부가 다를 수 있으니 주의해야 하며, 만약 잘못 적용시키면 추후 가산세가 나올 수 있다.

또한 세액공제, 세액감면을 받으면 사후관리에 주의해야 한다. 모든 공제, 감면 규정이 그런 것은 아니지만, 이 부분을 놓치면 세금이 추징되는 경우도 많다. 예를 들어, 통합고용증대 세액공제는 세액공제를 받고 2년 내로 고용 인원 수가 감소하면 기존에 받았던 세액공제 금액이 추징된다. 고용을 장려하는 취지로 혜택을 주는 것인데 세제 혜택만 받고 즉시 고용 인원을 줄이는 폐해를 막기 위해서다. 고용 인원에 대한 사후관리는 성과공유 중소기업 세액공제도 마찬가지다.

통합투자 세액공제는 사업용 자산에 대한 투자가 이루어지면 일정 부분 세액공제를 해주는 것이다. 그런데 2년 내 해당 사업용 자산을 처분하면 기존에 공제받았던 세금을 다시 납부해야 한다. 투자를 장려하려는 본래 세제 혜택 취지와 맞지 않기 때문이다. 사후관리 규정을 못 지킨다면 처음부터 세액공제, 세액감면을 적용하지 않는 편이 유리할 수도 있다. 따라서 세액공제, 세액감면을 신청하기 전에 전문가와 상담을 거치는 것이 좋다.

세액공제, 세액감면을 받을 때 최저한세란 개념을 알 필요가 있다. 세액공제, 세액감면을 적용하여 세금을 줄여주더라도 최소한의 세금은 내라는 것이 바로 최저한세의 개념이다. 최저한세가 적용되면 중소기업 법인의 경우 과세표준의 7%에 대한 세금은 내야 한다. 적용받을 수 있는 세액공제, 감면 금액이 아무리 많아도 다 적용받지 못해 억울할 텐데, 다 적용하지 못한 세액공제는 10년간 이월되므로 미래의 세금에서 공제할 수 있다.

최저한세 적용은 세액공제, 감면 종류에 따라 다르다. 앞서 살펴본 통합고용 세액공제나 통합투자 세액공제, 성과공유 중소기업 세액공제는 최저한세 적용 대상이다. 하지만 연구인력개발비 세액공제는 최저한세가 적용되지 않는다. 따라서 연구인력개발비 세액공제 금액이 크다면 세금을 한 푼도 안 낼 수 있다. 그리고 창업중소기업 세액감면 100%가 적용되는 경우에도 최저한세가 적용되지 않기에 세금을 전혀 내지 않을 수 있다. 하지만 창업중소기업 세액감면 50%가 적용되는 경우에는 최저한세가 적용되기에 실제로 50%의 감면 혜택을 다 못 받는 경우도 많다.

05 | 모르면 손해, 창업하고 5년간 세금 한 푼도 안 내는 제도

중소벤처기업부에 의하면 우리나라 연간 신규 창업자 수는 평균 130만 명이라고 한다. 창업은 창업자의 자아실현 수단이 되기도 하지만 신규 고용 창출, 지역경제 활성화 등 경제에 미치는 긍정적 효과도 큰 편이다. 이런 창업을 장려하기 위해 창업기업에 조세 혜택을 주는 제도가 있다. 바로 창업중소기업 세액감면 제도다. 이 제도를 적용받으면 5년간 법인세, 소득세를 적게는 50%에서 많게는 100%까지 감면받을 수 있다. 최대 5년간 세금을 한 푼도 안 낼 수 있으니 아주 큰 혜택이다. 따라서 스타트업 대표라면 이 제도를 알아야 한다.

창업 전에 미리 알고 있으면 최대한 유리하게 세제 혜택을 받도록 준비할 수 있다. 이 제도로 총 5년 동안 감면 혜택을 받는데, 창업 시점부터가 아니라 최초 소득이 발생한 때부터다. 최초 소득이란 매출이 아닌 이익을 뜻한다. 따라서 매출에서 비용 차감 후 결손인 경우에는 5년 기간에 속하지 않고, 이익이 발생한 해부터 5년이다. 스타트업은 사업 초기에 결손이 발생하는 경우가 대부분이다. 그렇다고 세법에서 이익이 날 때까지 무한정 기다려주지는 않는다. 창업 후 5년 동안 소득이 없어도 이후 5년부터는 무조건 감면 적용이 시작되어 5년간 혜택받는 것이다.

이 제도는 혜택이 큰 만큼 적용 요건을 꼼꼼히 따져봐야 한다. 업종, 지역, 창업자의 나이, 그리고 창업에 해당하는지 여부인데, 잘못 해석하거나 적용하면 큰 세금이 추징될 수 있다.

그렇다면 창업중소기업 세액감면 제도의 혜택과 요건, 주의 사항을 살펴보자.

창업중소기업 세액감면 요건에 해당한다면 아래 표와 같이 5년간 50~100%의 법인세, 소득세 감면 혜택을 받는다. 100% 감면 혜택을 받기 위해서는 창업자가 청년이어야 하고 수도권과밀억제권역 외 지역에서 창업해야 한다. 여기서 청년은 창업 당시 대표가 만 15~34세[병역 기간 최대 6년 감안]인 경우를 말한다. 또한 법인인 경우 청년인 대표는 최대 주주여야 한다. 최대 주주는 주주 중 보유 주식 수가 가장 많은 자를 말한다.

수도권과밀억제권역 외		수도권과밀억제권역 내		창업벤처중소기업
청년	비청년	청년	비청년	
5년 100%	5년 50%	5년 50%	-	5년 50%

표 16. 2025년 기준 창업중소기업 세액감면율

수도권과밀억제권역은 수도권정비계획법에 따른 다음의 지역이다.

과밀억제권역	성장관리권역	자연보전권역
인천광역시[강화군, 옹진군, 서구, 대곡동·불로동·마전동·금곡동·오류동·왕길동·당하동·원당동, 인천경제자유구역 (경제자유구역에서 해제된 지역을 포함) 및 남동 국가산업단지는 제외한다] 의정부시 구리시	안산시 오산시 평택시 파주시 남양주시(와부읍, 진접읍, 별내면, 퇴계원면, 진건읍 및 오남읍만 해당한다) 김포시 화성시	남양주시(화도읍, 수동면 및 조안면만 해당한다) 용인시(김량장동, 남동, 역북동, 삼가동, 유방동, 고림동, 마평동, 운학동, 호동, 해곡동, 포곡읍, 모현면, 백암면, 양지면 및 원삼면 가재월리·사암리·미평리·좌항리·맹리·두창리만 해당한다)

과밀억제권역	성장관리권역	자연보전권역
서울특별시 남양주시(호평동, 평내동, 금곡동, 일패동, 이패동, 삼패동, 가운동, 수석동, 지금동 및 도농동만 해당한다) 하남시 고양시 수원시 성남시 안양시 부천시 광명시 과천시 의왕시 군포시 시흥시[반월특수지역(반월특수지역에서 해제된 지역을 포함한다)은 제외한다]	동두천시 용인시(신갈동, 하갈동, 영덕동, 구갈동, 상갈동, 보라동, 지곡동, 공세동, 고매동, 농서동, 서천동, 언남동, 청덕동, 마북동, 동백동, 중동, 상하동, 보정동, 풍덕천동, 신봉동, 죽전동, 동천동, 고기동, 상현동, 성복동, 남사면, 이동면 및 원삼면 목신리·죽릉리·학일리·독성리·고당리·문촌리만 해당한다) 연천군 포천시 양주시 안성시(가사동, 가현동, 명륜동~내강리 등, 동 이름 지면상 생략하였음) 인천광역시 중 강화군, 옹진군, 서구 대곡동·불로동·마전동·금곡동·오류동·왕길동·당하동·원당동, 인천경제자유구역(경제자유구역에서 해제된 지역을 포함), 남동 국가산업단지 시흥시 중 반월특수지역(반월특수지역에서 해제된 지역을 포함한다)	이천시 가평군 양평군 여주군 광주시 안성시(일죽면, 죽산면 매산리·장릉리·장원리·두현리 및 삼죽면 용월리·덕산리·율곡리·내장리·배태리만 해당한다)

표 17. 과밀억제권역, 성장관리권역, 자연보전권역의 범위(출처: 국세청)

수도권과밀억제권역과 그 외 지역의 균형 발전을 위해 세액감면 혜택을 다르게 적용한다. 수도권과밀억제권역 외에서 창업하면 청년은 5년간 100%, 비청년은 50% 감면을 받는다. 그리고 수도권과밀억제권역 내에서 창업하는 경우에는 청년은 5년간 50% 감면 받지만 비청년은 감면 혜택이 없다. 만약 수도권과밀억제권역 내에서 창업 후 수도권과밀억제권역 외 지역으로 이전할 경우, 남은 감면 기간 동안 감면 혜택이 커지지는 않는다.

수도권과밀억제권역 외 지역에서 창업 후 수도권과밀억제권역 내 지역으로 이전한 경우에는, 남은 감면 기간 동안 수도권과밀억제권역 내 지역에서 창업한 셈이 되므로 혜택이 줄어든다. 따라서 창업 후 사업장 이전 시 반드시 주의해야 한다.

감면 혜택을 받기 위해 사업장 주소지를 수도권과밀억제권역 외에서 등록하고 실제 사업은 수도권과밀억제권역 내에서 영위하면 안 된다. 세법은 실질과세의 원칙을 세법 적용의 기본 원리로 한다. 따라서 세액감면 적용 여부도 실질에 따라 세법을 적용한다. 만약 형식과 실질이 다르다면 추후 과세관청의 현장 조사로 적발될 확률이 높으며, 추징되는 세금이 상당히 높아질 수 있다. 이처럼 창업 당시 요건에 따라 감면 혜택이 달라질 수 있으니 창업하기 전에 전문가의 상담을 받아보는 것이 좋다.

창업을 장려하기 위해 세제 혜택을 주고 있지만 모든 창업 기업에 세제 혜택을 주는 것은 아니다. 세법에 열거된 업종을 창업한 경우에만 세제 혜택을 받는다. 즉, 창업을 장려하는 업종이 따로 있다. 현행 세법에 열거된 감면 대상 업종은 다음과 같다.

창업중소기업 감면 대상 업종

1. 광업
2. 제조업
3. 수도, 하수 및 폐기물 처리, 원료 재생업
4. 건설업
5. 통신판매업
6. 물류산업(비디오물 감상실 제외)
7. 음식점업
8. 정보통신업(비디오물 감상실 운영업, 뉴스제공업, 블록체인 기반 암호화자산 매매 및 중개업 제외)

9. 금융 및 보험업 중 정보통신을 활용하여 금융서비스를 제공하는 업종
10. 전문, 과학 및 기술 서비스업(엔지니어링사업 포함, 변호사업 등 일부 업종 제외)
11. 사업시설 관리 및 조경 서비스업, 사업 지원 서비스업 해당하는 업종
12. 사회복지 서비스업
13. 예술, 스포츠 및 여가관련 서비스업(자영예술가, 오락장 운영업 등 일부 업종 제외)
14. 개인 및 소비용품 수리업, 이용 및 미용업
15. 직업기술 분야 학원 및 훈련시설
16. 관광숙박업·국제회의업·유원시설업 및 관광객이용시설업
17. 노인복지시설 운영업
18. 전시산업

따라서 세액감면을 적용받기 위해 적용되는 업종인지 꼭 확인한다. 주의할 점은 창업 당시 영위하는 업종이어야 한다는 것이다. 창업 이후 추가된 업종이라면 감면되지 않는다. 예를 들어, 도소매업 비감면 대상 업종 으로 창업하여 사업을 하다가 제조업 감면 대상 업종 을 사업자등록증에 추가하여 소득이 발생했다면 창업중소기업 세액감면을 받을 수 없다. 따라서 창업 당시 사업자등록할 때 추후 영위할 업종도 같이 기재하는 것이 좋다. 그리고 감면 혜택을 받기 위해 사업자등록증상에 감면 대상 업종을 기재하고 실제로는 비감면 대상 업종을 영위해서도 안 된다. 이 역시 추후 과세관청의 현장 조사로 적발될 확률이 높다.

세액감면은 창업한 기업에 혜택을 주는 것인데, 창업의 개념도 주의해야 한다. 창업이란 기업을 새로 설립하는 것을 말하는데, 세법에서는 창업의 범위를 좀 더 까다롭게 다룬다. 새롭게 사업자등록을 했다고 해서 창업은 아니며, 원시적으로 사업의 창출 효과가 있어야 한다. 따라서 타인의 사업을 승계하거나 법인 전환, 폐업 후 재개업 등과 같은 형태는 창업으로 보지 않는다.

창업으로 보지 않는 경우

① 타인으로부터 사업을 승계하여 승계 전의 사업과 같은 종류의 사업을 계속하는 경우
② 개인 중소기업자가 법인으로 전환하여 변경 전의 사업과 같은 종류의 사업을 계속하는 경우
③ 폐업 후 사업을 개시하여 폐업 전의 사업과 같은 종류의 사업을 계속하는 경우

또한 사업의 확장도 창업으로 보지 않는다. 그래서 창업 후 업종 추가는 창업에 해당하지 않아서 감면 혜택을 못 받는 것이다. 개인사업자 법인 전환도 창업으로 보지 않는다. 개인사업자로 창업 감면을 적용받다가 법인으로 전환한 경우에는 남은 기간 동안 감면 혜택을 받지 못한다. 다만 조세특례제한법 제32조의 특정 요건을 갖추어 법인으로 전환한 경우에는 남은 기간 동안 법인으로 감면받을 수 있다.

이렇듯 창업자의 나이, 창업 지역에 따라 감면율이 달라진다. 만약 청년이 아닌 자가 수도권과밀억제권역 내에서 창업하면 세액감면 혜택을 받지 못한다. 나이가 많은 것도 서러운데 감면 혜택도 못 받으니 서럽겠지만, 방법이 있다. 창업 후 3년 이내에 벤처기업으로 인증받으면 5년간 50%의 세액감면을 받을 수 있다. 창업자의 나이와 창업 지역과는 무관하다. 이것도 창업중소기업 세액감면의 일종이어서 세법에서 열거된 감면 대상 업종을 창업한 경우에만 적용 가능하다. 한편, 벤처인증에는 유효 기간이 있다. 5년간 창업 감면을 계속 적용받기 위해서는 유효기간 만료 전에 갱신해야 한다. 만약 벤처인증이 취소되거나 만료되면 그해부터 세액감면이 적용되지 않으니 주의해야 한다.

06 | 사업용 차 타고 최대로 절세하는 방법

☞ "회사 명의로 차를 사고 싶은데 어떻게 해야 최대한 절세할 수 있나요?"

사업용 차가 필요한 대표들의 단골 질문이다. 사업을 운영하면서 사업용 차가 필요한 경우가 있다. 어떤 차를 어떻게 타야 절세할 수 있는지 고민스러울 것이다. 사업 운영을 위해 지출한 비용 중 세법상 한도 규정이 있는 대표적 항목이 차량 관련 비용이다. 사업용 차를 업무용으로 사용하기도 하지만 개인 목적으로도 사용할 수 있기에 한도를 두어 무분별한 사용을 막고 있다.

자동차는 이동 수단을 넘어 품위 유지, 자기 만족 등 개인적 욕구가 반영되는 자산이기도 하다. 자동차 종류와 가격이 매우 다양하기에 어느 정도까지 세법상 비용으로 인정할지 기준이 필요하다. 또한 법인 차를 구매하여 대표 개인 용도나 가족이 사용하고 그 비용을 법인 비용으로 처리하는 것은 탈세가 되기도 한다. 이에 세법에서는 2016년부터 업무용 승용차 관련 비용 제한 규정을 도입하여 적용하고 있다.

사업용차에 대한 세법 규정중에서 법인세 및 소득세와 부가가치세는 성격이 달라 두 부분으로 나누어 살펴봐야 한다.

법인세 및 소득세

법인세와 소득세를 줄이려면 세법상 인정되는 비용이 많아야 한다. 차량 관련 지출은 회계상으로 모두 비용이 되지만 세법상으로는 한도가 있다. 이런 지출에는 차량 구입비, 리스료, 렌트비, 주유비, 자동차세, 통행료, 보험료, 수리비 등이 포함된다. 만약 운행일지를 작성하지 않으면 차량 관련 비용은 다 합쳐서 1년에 1,500만 원이 한도다. 이를 초과하면 초과된 부분은 비용으로 인정되지 않는다. 1,500만 원 중 800만 원은 감가상각비 한도다. 이해하기 쉽게 800만 원은 감가상각비, 700만 원은 주유비, 보험료 등 차량 유지비 한도라고 생각하면 된다.

사업용 차는 의무적으로 5년 정액법 감가상각을 하도록 정해져 있다. 따라서 차량가액 4천만 원을 초과하면 1년 감가상각비는 800만 원을 초과한다. 즉, 4천만 원 이하의 차를 타면 관련 비용은 세법상 전액 인정이 되지만, 더 비싼 차를 탄다면 비용 처리가 비효율적이다. 4천만 원이 넘는 차는 감가상각비 한도초과액이 발생하는데 이는 5년 감가상각이 끝난 후 연간 800만 원 한도로 비용 처리된다. 차량가액 4천만 원에는 취등록세도 포함된다. 따라서 가급적 4천만 원을 넘지 않는 차를 구매하는 것이 절세 측면에서 유리하다.

차량 관련 비용이 1년에 1,500만 원을 넘는 경우에도 비용으로 인정받을 수 있는 방법이 있다. 바로 운행기록부를 작성하는 것이다. 운행기록부를 작성하면 1,500만 원 한도를 적용받는 것이 아니라 업무용 사용 비율만큼 세법상 비용으로 인정해준다. 운행기록부 작성 시 출퇴근, 거래처 방문, 회의 참석, 접대 및 직원들의 복리후생을 위한 운행도 모두 업무용 주행으로 인정된다. 따라서 만약 차량 관련 비용이 1,500만 원을 넘어가면 번거롭긴 하지만 운행기록부를 작성해야 한다. 운행기록부를 작성하더라도 감가상각비 한도는 800만 원으로 동일하다.

주의할 점은 법인 차는 반드시 임직원전용보험에 가입해야 한다는 것이다. 만약 임직원전용보험에 가입하지 않으면 한도 초과 부분이 아니라 관련 비용을 전액 인정받지 못한다. 또한 관련 비용 전액이 차량 사용자에게 상여 처분이 되어 개인소득세도 추가로 발생한다. 상여 처분이란 해당 금액을 근로소득으로 과세한다는 것이다. 다만 임직원전용보험에 가입하지 않아 관련 비용을 전액 인정받지 못하더라도, 운행일지를 기록했다면 업무용 사용 비율만큼은 상여 처분을 피할 수 있다. 이 규정 역시 가족이 법인 차를 타고 비용 처리하는 것을 방지하기 위해서다. 개인사업자는 복식부기의무자부터 업무전용보험 가입 의무가 발생한다. 개인 복식부기의무자는 1대를 초과한 차량부터 반드시 업무전용보험에 가입해야 한다. 가입하지 않으면 역시 비용으로 인정받지 못하는 부분이 발생한다. 같은 차를 타도 누구는 절세를 하고 누구는 세금을 더 낼 수도 있다는 뜻이다.

부가가치세

앞에서 보았듯, 부가가치세는 매출세액에서 매입세액을 차감하여 계산된다. 따라서 매입세액이 많아야 부가가치세를 줄일 수 있다. 하지만 차량 관련 비용은 아무리 많이 지출해도 매입세액 공제가 되지 않는다. 차량 관련 비용은 사업용과 개인용을 구분하기가 모호해서 세법에서 일괄적으로 공제해주지 않는다. 따라서 차량구입비, 렌트비, 주유비, 수리비에 대해 세금계산서나 신용카드 증빙을 구비했더라도 무조건 매입세액 공제가 안 된다.

세법상 사업용 차 관련 비용 한도가 적용되는 차를 업무용 승용차라고 한다. 그런데 관련 규정을 적용받지 않는 차량도 있다. 경차, 승합차, 화물차 등은 한도 없이 전액 비용으로 인정받을 수 있어 법인세, 소득세를 줄일 수 있다. 또한 부가가치세 매입세액 공제도 가능하다. 즉, 경차나 9인승 카니발을 이용하면 차량구입비, 렌트비, 주유비, 수리비 등의 부가가치세 매입세액을 공제받아 부가가치세를 줄일 수 있고 전액을 비용으로 처리할 수도 있다. 따라서 절세만 생각한다면 경차나 9인승 카니발을 타는 것이 좋다.

만약 외제 차를 타고 싶다면 중고차를 구매하는 것도 좋은 방법이다. 중고차를 구매해도 동일하게 세법상 비용으로 인정받을 수 있다. 세법상 1,500만 원 한도가 적용되며 보험가입의무가 있는 것도 동일하다. 차량가액 4천만 원 이하의 차는 웬만해서는 한도를 넘지 않기에 효율적으로 비용 처리도 가능하다. 중고차를 구매할 때 비용 처리를 위해 증빙을 반드시 구비해야 한다. 중고차 매매사업자로부터 구매한다면 세금계산서를 받고, 개인으로부터 구매한다면 매매계약서, 송금증, 차량등록증, 취득세 등 서류를 잘 구비해야 한다.

차량 구매 후 단기간에 재판매하는 경우 부가가치세 손해가 발생하니 주의해야 한다. 경차, 카니발 외의 일반 사업용 차량의 경우 신차 혹은 중고차 구매 시 부가가치세 매입세액 공제가 되지 않는다. 하지만 사업용으로 사용하던 차량을 다시 판매하는 경우에는 부가가치세법상 재화의 공급에 해당하여 10%의 부가가치세를 부담해야 한다. 따라서 단기간에 사업용 차가 필요한 경우 구매하기보다는 렌트를 이용하는 편이 현명하다.

☞ "세무사님, 차를 사는 게 좋아요? 리스나 렌트를 하는 게 좋아요?"

사업용 차에 대해 많이 하는 또 다른 질문이다. 사업용 차를 이용할 때는 구매뿐 아니라 리스, 렌트의 방법도 있기 때문이다. 그렇다면 어느 것이 세법상 유리할까? 결론적으로 말하면, 세법상 비용 처리는 구매, 리스, 렌트가 모두 동일하다. 비용 인정 한도는 모두 1,500만 원이고 1,500만 원을 넘어가면 운행기록부 작성이 필요한 것도 마찬가지다. 따라서 사업용 차를 구매할지, 렌트 혹은 리스할지는 여러 요소를 고려하여 선택하면 된다.

투입되는 비용만 본다면 일시불로 구매하는 게 비용은 제일 적게 든다. 할부로 구매하면 할부 이자를 추가로 부담해야 하며 리스와 렌트도 리스료, 렌트비의 수수료를 부담해야 하기 때문이다. 하지만 사업용 차를 직접 구매할 경우 목돈이 들어가기에 현금 유동성이 악화될 수 있다. 따라서 자금이 부족하거나 사업용 자금을 조만간 지출할 계획이 있다면 일시불로 구매하기보다 할부, 리스, 렌트가 적합하다.

렌트의 경우 차량 운행에 대해 보험 경력으로 인정받지 못하지만, 특약 가입 시 사고에 대한 부담도 지지 않는다. 따라서 대표 혼자 타는 차량이 아니라 여러 직원이 같이 타는 차량은 사고에 대한 부담이 클 수 있기에 렌트가 유리하다. 또한 렌트 차량의 취등록세, 보험료 모두 렌트비에 포함되기에 렌트비만 부담하면 된다. 하지만 렌트 차량은 '하, 허, 호' 번호판을 따로 부착하기에 이런 점은 호불호가 갈릴 수 있다.

리스는 면세인 금융서비스에 해당하여 부가가치세 부담이 없다. 하지만 개인사업자의 경우 리스는 개인의 부채로 잡힌다. 따라서 신용도에 영향을 줄 수 있으며, 추가 대출 계획이 있다면 대출 한도에 주의해야 한다. 리스 차량은 일반 번호판을 부착하기에 더 선호할 수 있다. 리스 중도해지 시 부담금이 크다는 것은 단점이지만, 리스 종료 시 재리스 혹은 인수의 옵션이 있다는 것은 장점이다. 이렇게 구매, 리스, 렌트의 차이점을 비교해서 각자에게 맞는 방법을 선택하면 된다.

2024년부터 취득가액 8천만 원이 넘는 법인 차량은 반드시 연두색 번호판을 부착해야 한다. 이는 낙인효과를 주어 사업용 차량을 개인 용도로 사용하는 것을 제한하기 위해서다. 전기차는 파란색 번호판이지만, 이 규정에 따라 8천만 원이 넘는 법인 전기차도 파란색이 아닌 연두색 번호판을 부착해야 한다. 일부에서는 연두색 번호판을 권력이나 부의 상징으로 보기도 한다.

07 대표는 급여 vs. 배당, 과연 얼마가 적절할까?

☞ "대표 급여를 얼마로 책정할지 고민이에요."

법인을 운영하는 대표들이 많이 하는 질문이다. 본인의 급여까지 스스로 책정해야 하기에 막막하기도 할 것이다. 개인사업자는 사업으로 번 돈을 자유롭게 사용할 수 있다. 사업으로 번 돈은 사업소득세로 과세되기 때문에 결국 개인사업자에게 귀속된다. 하지만 법인사업자는 다르다. 법인 대표는 법인에 소속된 근로소득자라서, 대표여도 법인 돈을 함부로 개인적 용도로 사용해서는 안 된다. 만약 대표가 법인 돈을 개인적 용도로 사용하면 가지급금으로 처리된다. 따라서 대표는 법인에서 급여를 받거나 배당을 받아 개인으로 귀속시킨 후 돈을 사용해야 한다. 대표가 급여를 받으면 근로소득세, 배당을 받으면 배당소득세를 납부한다. 급여나 배당을 많이 받으면 소득세도 많이 나온다. 그러면 절세를 위해 법인 대표가 가져가는 적절한 급여액, 배당액은 얼마일까?

스타트업은 사업 초기 손실인 경우가 많다. 법인 자본금으로 직원 인건비와 같은 사업운영비를 충당하기에도 늘 빠듯하다. 그러다 보니 대표는 본인 급여를 가져갈 생각은 하지도 못한다. 매출이 어느 정도 발생하거나 투자를 받기 전까지 대표는 급여를 받지 못하는 것이 현실이다. 대표와 같은 등기임원은 근로기준법의 적용을 받지 않는다. 따라서 급여를 받지 않거나 초과근무를 하더라도 노동법상 문제가 없다. 대표는 4대 보험 중 국민연금, 건강보험에 대한 가입 의무만 있다. 대표가 급여를 받지 않으면 보험공단에 무보수로 신고하여 보험료를 내지 않아도 된다. 하지만 무보수 신고를 하면 건강보험은 다른 사람의 피부양자나 지역가입자로 바뀐다. 건강보험 지역가입자는 보유한 재산에 따라 보험료가 부과되기에 오히려 불리할 수 있다. 만약 대표가 부양할 가족이 있어 건강보험에 가입해야 한다면 국민연금 최저소득 정도로 급여 신고를 하고 건강보험 직장가입자가 되는 것이 좋다. 대표 급여를 신고하면 국민연금, 건강보험이 동시에 가입되며, 건강보험 보수월액 하한선이 국민연금보다 더 낮기에 국민연금 기준을 따르는 것이 손해를 보지 않는 방법이다. 2025년 기준 국민연금 최저기준소득은 월 40만 원이다.

이렇게 빠듯하게 사업을 운영하다가 매출이 발생하면 대표 급여를 가져갈 수 있다. 정기적으로 지급되는 급여를 받기도 하지만, 비정기적으로 성과에 따라 상여금을 받을 수도 있다. 물론 법인 이익이 발생하는 경우에도 대표 급여를 가져가지 않을 수 있지만, 대표가 급여를 받으면 법인 비용으로 처리되기에 법인세를 줄이는 효과가 발생한다. 따라서 이익이 나는 경우 대표는 적정 급여를 받아 가야 한다. 법인의 경우 정관에 임원보수규정을 마련해야 한다. 만약 이런 보수 규정이 없으면 대표가 받는 상여금은 세법상 비용으로 인정받지 못한다. 또한 추후 퇴직금 지급 시 세법상 한도를 초과한 경우에도 비용으로 인정받지 못한다. 따라서 임원보수규정에 보수 지급 대상, 시기와 방법, 보수 한도, 상여 지급율, 퇴직금 산정 방법 등을 명시해놓아야 한다.

대표가 급여나 상여금을 받으면 근로소득세와 국민연금, 건강보험료를 부담해야 한다. 대표는 고용보험과 산재보험 가입 대상이 아니다. 국민연금, 건강보험료는 근로자와 동일하게 공단에서 정해진 보험요율에 의해 부과된다. 근로소득세는 다음의 계산식에 따라 산출된다. 근로소득세는 부양

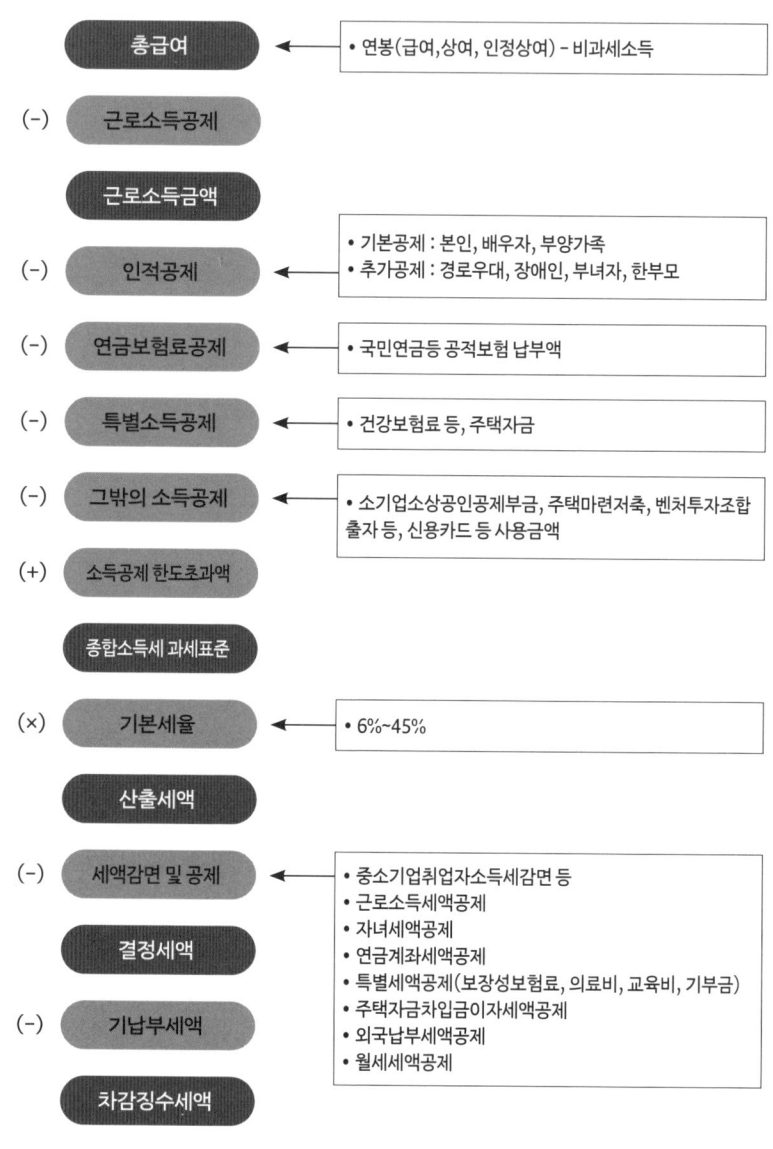

그림 7. 근로소득세 계산 구조(출처: 국세청)

가족이 많을수록, 적용되는 소득공제, 세액공제 항목이 많을수록 줄어든다. 소득공제와 세액공제 항목에는 신용카드, 주택마련저축 소득공제와 보험료, 교육비, 의료비, 기부금 세액공제 등이 있다. 일반 근로자와 달리 법인 대표가 적용할 수 있는 소득공제는 소기업, 소상공인 공제, 즉 노란우산공제다. 이것에 불입하면 1년에 최대 600만 원까지 소득공제가 가능하다.

대표의 급여가 많으면 소득세를 많이 부담한다. 간혹 이를 피하기 위해 가족을 직원으로 등록하여 급여를 주기도 한다. 실제로 근무한 가족에게 급여를 지급하는 것은 전혀 문제가 없지만, 소득을 분산하고 낮은 세율을 적용받기 위해 실제로 일하지 않는 자에게 급여를 지급하는 것은 더 큰 문제가 될 수 있다. 과세관청에서는 가공 인건비 지급을 탈세 행위로 본다. 가공 인건비가 반영된 재무제표는 외부 이해관계자들의 신뢰를 떨어뜨리며, 적발되면 많은 세금이 추징될 수 있기에 지급하지 말아야 한다.

법인 대표가 법인으로부터 돈을 가져가는 또 다른 방법은 배당을 받는 것이다. 법인은 주주총회 결의로 정기 배당을 할 수 있으며, 정관에 규정이 있는 경우 중간 배당도 할 수 있다. 배당은 법인의 이익을 주주에게 나눠주는 것을 말한다. 따라서 대표도 배당을 받기 위해서는 지분을 가지고 있어야 한다. 만약 대표 혼자 투자하여 설립했다면 대표 지분이 100%일 것이고, 공동으로 설립했거나 투자를 받으면 계약에 따라 지분율이 결정될 것이다. 배당 결의 시 균등 배당이 원칙이다. 배당할 금액이 확정되면 지분 비율에 따라 배당이 이루어진다. 만약 지분율에 따른 균등 배당이 아닌 차등 배당이면 추가적으로 증여세가 붙는다. 배당받을 권리를 다른 주주에게 무상으로 주는 증여에 해당하기 때문이다. 따라서 가급적 지분율에 따라 균등 배당을 하는 것이 좋다.

배당받으면 법인이 15.4% 지방소득세 10% 포함 세율로 배당소득세를 원천징수하여 신고한다. 배당소득도 종합소득에 해당하기에 다음 해 5월에 다른 소득과 합산하여 종합소득세를 신고해야 한다. 하지만 금융소득 이자소득, 배당소득이 연간 2천만 원을 넘지 않으면 분리과세로 끝난다. 즉, 원천징수한 15.4%로 과세가 끝나고, 다른 소득과 합산하여 신고할 필요가 없다. 대표가 급여를 받으면 적용받는 소득세 세율이 15.4% 이상인 경우가 많은데, 배당소득에 대해 15.4%만 적용받고 끝낼 수 있기에 절세 방법으로 활용할 수 있다. 따라서 법인의 잉여금이 있으면 매년 2천만 원 정도의 배당은 꾸준히 받는 것이 좋다.

또한 법인 초기에 지분을 가족에게 분산했다면 지분을 소유한 가족도 배당을 꾸준히 받을 수 있다. 분리과세는 사람별로 적용되므로 혼자 배당받는 것보다 좀 더 많은 배당금을 15.4%만 적용받고 가져갈 수 있다. 또한 자녀가 지분을 가지고 있다면 장기적으로 저율의 세율로 자연스럽게 부를 이전할 수 있다. 따라서 절세 측면에서만 보면 지분을 미리 분산하는 것이 유리하다. 하지만 지분이 있으면 의결권도 있다. 따라서 지분이 분산되어 있으면 안정적 사업 운영에 방해가 될 수 있기에 투자자가 좋아하지 않을 수 있다. 이런 다양한 측면을 고려하여 지분을 설계해야 한다.

법인 대표가 많이 하는 오해 중 하나가 배당받으면 법인세가 절세된다는 것이다. 그런데 배당은 자본 거래이지, 손익 거래가 아니다. 이는 세후 잉여금을 재원으로 이루어지는 것이다. 결산이 끝난 후 남은 잉여금을 배당으로 처분을 하는 것이기에 배당으로 법인의 이익이 줄어들지 않고 법인세도 줄어들지 않는다. 그렇다면 법인이 돈을 벌어서 법인세를 내고 주주가 배당을 받아서 소득세를 내면 이중과세 아니냐고 생각할 수도 있다. 이중과세가 맞다. 따라서 현행 세법에서는 별도의 장치를 두어 이중과세를 조정해준다. 개인 주주에게는 배당세액공제를, 법인 주주에게는 수입배당금 익금불산입 규정을 적용하는 것이다.

그렇다면 법인에서 이익이 나면 대표 급여와 배당은 얼마가 적당할까?

우선 배당 적정 금액은 앞서 보았듯 2천만 원까지 15.4%로 분리과세되기에 비교적 저율이지만, 급여를 받아 적용되는 세율이 15.4%보다 낮다면 굳이 배당받을 필요는 없다. 따라서 급여로 인해 적용되는 세율이 15.4%가 넘어가면 2천만 원까지는 배당을 받는 것이 좋다.

대표 급여는 얼마가 적절할까? 사업 초기여서 이익이 나지 않으면 급여를 받지 않는 것이 좋다. 어차피 사업 자금이 부족해지면 대표가 자금을 조달해야 하기 때문이다. 굳이 세금을 내고 급여를 받아서 다시 법인에 넣을 필요는 없다. 다만 직장가입자로 건강보험에 가입하고 싶다면 최저 금액으로 급여를 신고하면 된다. 그러다 법인의 이익이 어느 정도 발생하면 그때 대표 급여를 책정하면 된다.

대표 급여를 정할 때 회사의 현금흐름을 고려해 책정해야 한다. 현금흐름은 회사마다 다르기에 적정 급여 수준도 회사마다 다르다. 미래 자금 유입과 유출의 현금흐름을 고려하여 무리가 가지 않는 선에서 급여를 책정할 필요가 있다. 현금흐름을 잘 예측해도 불확실성은 있기에 정기 급여는 낮게 정하는 것이 좋다. 그리고 연말에 결산 후 남는 이익을 확인해보고 상여금을 가져가는 방법을 사용하면 된다.

대표 급여를 책정하는 다른 방법은 대표에게 생활비가 어느 정도 필요한지 따져보고 급여로 책정하는 방법이 있다. 대표도 최소한의 생활비는 필요하기에 그 정도는 받는 것이 좋다. 그리고 법인 대표가 오랫동안 급여를 받지 않으면 소득 증빙이 되지 않아 문제가 될 수 있다. 대표가 집을 구매하거나 개인대출을 받을 때 소득 증빙이 없으면 곤란한 상황이 발생할 수도 있다.

다음으로는 개인소득세과 법인세를 비교해보고 적정 금액을 정하는 것이다. 대표 급여를 지급함으로써 줄어드는 법인세와 추가적으로 납부할 개인소득세, 보험료를 비교하는 것이다. 줄어드는 법인세가 더 크다면 급여를 받는 것이 이득이다. 물론 법인과 개인의 실체가 달라서 법인세와 소득세는 납부 주체가 다르지만, 세금 유출이라는 관점에서 정하는 것이다. 2025년 기준 법인세는 소득이 2억 원까지는 9%, 2~200억 원은 19%의 세율이 적용된다. 반면 2025년 기준 개인소득세는 1,200만 원까지는 6%, 1,200~4.600만 원까지는 15%의 세율이 적용된다. 여기에 국민연금, 건강보험료까지 고려하면 대표 급여로 인한 실효세율은 법인 최저세율인 9%를 훌쩍 넘는다. 따라서 법인 소득이 2억 원이 넘어 19% 이상의 세율이 적용되는 경우라야 대표 급여로 인한 절세 효과가 나타난다.

법인세 절약하며 지급 가능한 대표 급여

| 급여 지급으로 발생하는 개인소득세+국민연금, 건강보험료 | ≤ | 급여 지급으로 줄어드는 법인세 |

비교적 큰 규모의 투자를 받으면 투자자가 대표 급여를 제약하려 든다. 따라서 투자를 받아 법인에 자금이 있더라도 함부로 대표 급여를 높일 수는 없다. 투자자는 투자금을 사업 성장을 위해 사용하길 원한다. 하지만 대표도 어느 정도 생활이 안정되어야 스타트업에 전념할 수 있을 것이다. 따라서 투자 유치 시 대표 보수에 대한 사항을 투자자와 잘 협상할 필요가 있다.

08 불필요한 가산세만 안 내도 돈 버는 셈이다

☞ "가산세는 늦은 깨달음에 대한 비싼 수업료다."

절세를 위해서는 인정되는 비용이 많아야 하고 세액공제, 세액감면을 잘 적용해야 한다. 여기서 추가로 중요한 부분이 불필요한 가산세를 안 내는 것이다. 납세자가 세법에 규정된 여러 가지 의무를 잘 이행하도록 유도하기 위해 여러 가지 가산세 항목을 두고 있다. 비용이나 세액공제를 통해 아무리 세금을 많이 절세하더라도 가산세를 크게 납부하면 절세 효과는 사라진다. 보통 세금은 돈을 벌어야 나오는 것인데 가산세는 돈을 벌지 않아도 부과될 수 있다. 최악의 경우 가산세를 내기 위해 대출을 받는 경우도 발생한다. 그러나 기본적인 의무 사항만 지켜도 가산세는 내지 않을 수 있다.

가산세는 세목별로 규정되어 있다. 우선 법인세, 소득세법에서 주의할 가산세 10가지를 알아보자.

무신고, 과소신고 가산세

법인세, 소득세를 기한 내에 신고하지 못하면 무신고 납부세액의 20%와 무신고한 수입금액의 0.07% 중 큰 금액을 가산세로 납부해야 한다. 이중장부 작성, 거짓 증빙이나 거짓 문서 작성과 같이 부정한 행위로 무신고한 경우에는 무신고 납부세액의 40%와 무신고한 수입금액의 0.14% 중 큰 금액을 가산세로 납부한다. 기한 내에 신고는 했지만 세금을 과소신고한 경우에는 과소신고한 세액의 10%를 가산세로 납부한다. 만약 부정한 방법으로 과소신고했다면 과소신고 세액의 40%와 과소신고 수입금액의 0.14% 중 큰 금액을 가산세로 납부한다. 따라서 모든 세금은 반드시 기한 내에 누락 없이 신고하도록 한다.

납부지연 가산세

납부할 세액을 기한 내에 납부하지 못한 경우 경과 일수 하루당 0.022%의 가산세가 나온다. 납부일이 늦어질수록 가산세는 계속 늘어난다. 따라서 잊지 말고 반드시 기한 내에 세금을 납부해야 한다.

원천징수납부 불성실 가산세

원천징수세액을 미납부, 과소납부한 경우 미납부세액의 3%와 경과 일수 하루당 0.022%의 가산세가 나온다. 납부일이 늦어질수록 계속 늘어나지만, 최대 한도는 세액의 10%로 정해져 있다.

업무용 승용차 관련 비용 명세서 제출 불성실 가산세

업무용 승용차가 있으면 관련 비용 명세서를 반드시 제출해야 한다. 제출하지 않으면 관련 비용의 1%에 해당하는 가산세가 나온다. 따라서 사업용 차가 있으면 놓치지 않도록 주의해야 한다. 9인승 카니발, 경차, 화물차는 업무용 승용차에 해당하지 않아 명세서 제출 의무가 없다.

성실신고확인서 제출 불성실 가산세

성실신고확인 대상 사업자인데 성실신고확인서를 제출하지 않은 경우 세액의 5%와 수입금액의 0.02% 중 큰 금액을 가산세로 납부한다. 개인사업자는 수입금액이 업종별 기준 금액을 초과하면 성실신고 대상자가 된다.

법인사업자는 부동산임대업이 주업인 소규모 법인이거나 성실신고 대상 개인사업자가 법인으로 전환한 경우에 법인도 3년간 성실신고 대상자가 된다.

주식등변동상황명세서 제출 불성실 가산세

법인세 신고 시 주주 변동 사항을 제출하지 않은 경우, 주식의 액면가액의 1%가 가산세로 나온다. 따라서 증자나 감자, 주식을 양도, 증여한 경우 등 주식 변동 내역을 반드시 신고해야 한다. 큰 금액의 주식 변동이 있었다면 가산세가 상당히 늘어날 수 있다.

증명서류수취 불성실 가산세

건당 3만 원을 초과한 비용을 지출하고 적격 증빙을 구비하지 못한 경우 2%의 가산세를 납부하게 된다. 3만 원 이하 지출은 간이영수증을 받아도 가산세 없이 비용으로 처리 가능하다. 따라서 비용을 지출한 경우 세금계산서, 계산서, 신용카드매출전표, 현금영수증의 적격 증빙을 받는 습관을 길러야 한다.

현금영수증발급 불성실 가산세

현금영수증에 미가입했거나, 발급을 거부했거나, 의무 발급자가 미발급한 경우에는 가산세가 붙는다. 미가입 시에는 수입금액의 1%, 발급 거부 시에는 5%, 의무 발급자가 미발급한 경우에는 20%의 가산세를 부과한다. 특히 현금영수증 의무 발급자는 건당 10만 원 이상의 대금을 현금으로 받은 경우에 상대방의 요청이 없어도 현금영수증을 의무적으로 발급해야 한다. 미발급하면 20%에 해당하는 상당히 큰 가산세가 붙으니 놓치지 않도록 주의해야 한다. 만약 소비자의 인적 사항을 모르면 국세청 지정 코드인 010-

000-1234로 발급하면 된다.

지급명세서 등 제출 불성실 가산세

지급명세서란 근로, 사업, 기타, 이자, 배당소득 등 사업자가 원천징수한 부분에 대해 인적 사항, 소득금액 등의 내역을 과세관청에 제출하는 것을 말한다. 지급명세서를 기한 내에 제출하지 않으면 미제출 금액의 1%의 가산세를 납부해야 한다. 또한 간이지급명세서를 제출하지 않은 경우에는 0.25%의 가산세를 납부한다. 따라서 지급명세서 제출을 놓치지 않도록 주의해야 한다.

계산서 등 제출 불성실 가산세

부가가치세법상 면세사업자가 발급하는 증빙을 계산서라고 한다. 부가가치세 과세사업자는 부가가치세법 가산세의 규정을 적용받지만, 면세사업자는 법인세, 소득세 가산세 규정을 적용받는다. 계산서합계표 미제출이나 계산서 미발급 혹은 지연 발급하는 경우 가산세가 붙는다. 계산서합계표 미제출은 0.5%, 계산서 미발급은 2%, 지연발급은 1%의 가산세를 납부해야 하니 주의해야 한다.

다음은 부가가치세법에서 주의할 가산세 7가지다.

무신고, 과소신고 가산세

부가가치세도 법인세, 소득세와 마찬가지로 무신고, 과소신고를 한 경우 가산세를 납부한다. 가산세 계산 방법도 동일하다. 무신고 시 무신고한 세액의 20%와 무신고한 수입금액의 0.07% 중 큰 금액을 가산세로 납부한다. 과소신고 시 과소신고한 세액의 10%를 가산세로 납부한다. 물론 부정한 방법으로 무신고, 과소신고의 경우에 2배 중과되는 것도 동일하다. 따라서 모든 세금은 반드시 기한 내에 누락 없이 신고해야 한다.

부가가치세법상 다른 점은 영세율 매출을 무신고했거나 과소신고한 경우 0.5%의 가산세를 추가로 납부해야 한다는 것이다.

납부지연 가산세

이것도 법인세, 소득세와 동일하다. 납부할 세액을 기한 내에 납부하지 못한 경우 경과 일수 하루당 0.022%의 가산세가 붙는다. 따라서 놓치지 말고 기한 내에 납부해야 한다.

미등록, 허위등록 가산세

사업자등록에 대한 가산세다. 사업 개시일부터 20일 내로 사업자등록을 하지 않거나 타인 명의로 사업자등록을 하면 공급가액의 1% 가산세가 붙는다. 따라서 사업을 시작했다면 미루지 말고 즉시 본인 명의로 사업자등록을 해야 한다.

세금계산서 발급 불성실 가산세

부가가치세법에는 세금계산서 관련 가산세가 많다. 세금계산서의 미발급, 지연발급, 부실기재, 미전송, 지연전송의 경우 가산세가 나온다. 세금계산서를 미발급한 경우 공급가액의 2%, 지연발급, 부실기재한 경우 공급가액의 1% 가산세가 나온다. 또한 전자세금계산서를 미전송한 경우 0.5%, 지연 전송한 경우 0.3%의 가산세가 나온다. 따라서 평소 세금계산서 관리를 잘하여 불필요한 가산세를 내는 일이 없도록 해야 한다.

세금계산서 가공 발급 가산세

가공 발급, 가공 수취의 경우 공급가액의 3%가 가산세다. 또한 과다 기재하여 발급하거나 수취한 경우 공급가액의 2%가 가산세로 붙는다. 가공 발급, 가공 수취란 실제 거래가 없는데 있는 것처럼 꾸며 세금계산서를 주고받는 것이다. 경우에 따라서는 부정행위로 보아 조세범으로 처벌받을 수도 있으니 가공 거래는 하지 않도록 주의해야 한다.

매출처별, 매입처별 세금계산서합계표 불성실 가산세

매출세금계산서합계표 미제출 시 0.5%의 가산세가 나오며, 매입세금계산서를 지연 수취한 경우 0.5%의 가산세가 나온다. 따라서 매입세금계산서를 받을 때도 제때 받아야 한다. 세금계산서 발급이 늦어지면 거래 당사자 모두 가산세가 나온다. 매출자는 세금계산서 지연 발급으로 1%, 매입자는 세금계산서 지연 수취로 0.5%의 가산세가 붙는다.

현금매출명세서 등 미제출 가산세

현금매출명세서 제출 의무자가 현금매출명세서를 미제출, 부실기재한 경우 수입금액의 1%에 해당하는 가산세가 나온다. 변호사업, 회계사업, 법무사업, 세무사업, 의사, 약사, 부동산중개업 등 업종을 영위하는 사업자는 현금매출명세서를 제출할 의무가 있다. 따라서 해당 업종을 영위하는 사업자는 놓치지 않도록 주의해야 한다.

세법에는 이렇게 다양한 가산세 규정이 있다. 사업을 하면서 고의로 규정을 위반하여 가산세가 나오기도 하지만, 규정을 잘 모르거나 해석을 잘못하여 가산세를 내기도 한다. 예를 들어, 규정에 오해가 있어 세액공제, 세액감면을 잘못 적용한 경우에도 과소신고 가산세와 납부지연 가산세를 내야 한다. 일부러 그런 것도 아닌데 억울할 수도 있지만, 그렇다고 가산세를 감면해주지는 않는다. 하지만 세법에는 예외적으로 가산세를 감면해주는 규정이 있다.

법정 신고 기한이 지난 후 2년 내로 수정 신고하는 경우 10~90%까지 가산세를 감면해준다. 수정 신고란 누락되거나 과다하게 반영한 부분을 다시 신고하여 추가로 세금을 더 납부하는 것이다. 기존에 잘못 신고된 내역을 납세자가 모른 척하지 않고 자진 신고하면 가산세를 감면해주고 있으며 빨리 수정할수록 감면율이 높아진다.

법정 신고 기한 내로 세금을 신고하지 못하면 무신고가 되어 20% 혹은 40%의 무신고 가산세가 붙는데, 6개월 내 기한 후 신고를 하면 50%까지 가산세를 감면해준다. 신고 기간 후 1개월 내로 신고하면 50%, 1개월 초과 3개월 내로 신고하면 30%, 3개월 초과 6개월 내로 신고하면 20%를 감면해준다.

가산세 감면 규정이 있지만 가산세가 나오지 않도록 처음부터 누락된 내용 없이 기한 내에 신고하는 것이 좋다. 하지만 스타트업 대표들이 가산세 규정을 일일이 알기는 어려울 것이다. 따라서 잘 관리해줄 수 있는 세무사를 만나는 것이 좋다. 세무사와 상담해서 세무상 문제가 없는지, 또는 불필요한 가산세가 나올 여지는 없는지 확인해야 한다.

3장

투자 유치의 결정적 순간, 세무가 승부를 가른다

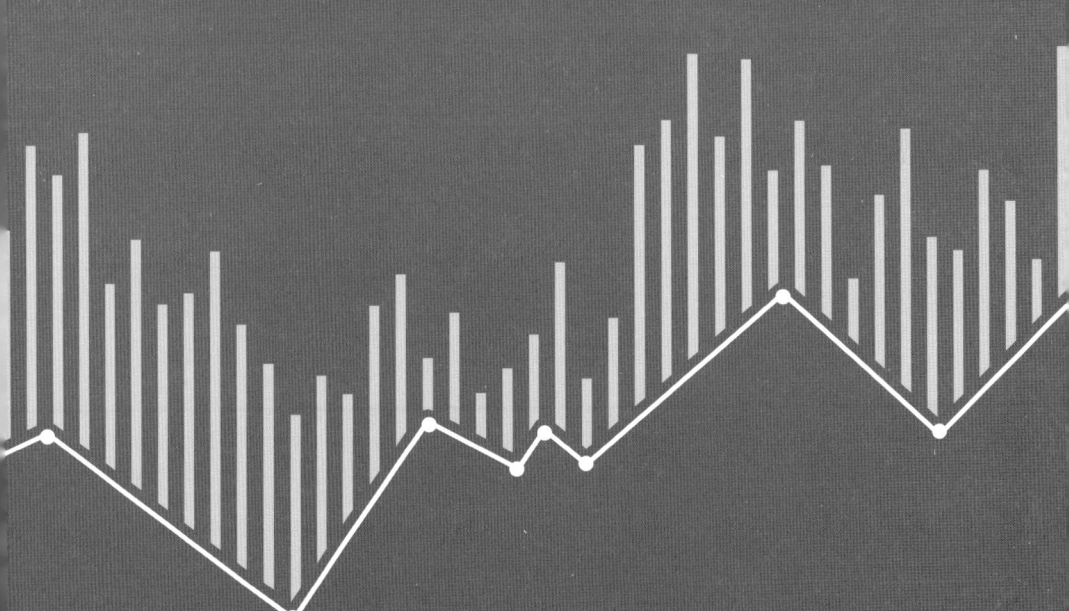

01 스타트업 투자의 본질부터 이해하라

> "본질을 이해하지 못하면, 모든 행동은 헛수고가 된다."
> • 피터 드러커 •

스타트업이 가장 관심을 가지는 부분 중 하나가 바로 투자 유치이지 않을까 한다. 스타트업이 투자 유치를 잘하기 위해서는 우선 투자자들을 이해할 필요가 있다. 투자자들은 왜 스타트업에 투자할까? 무엇을 보고 투자할까? 그리고 스타트업에 기대하는 것은 무엇일까? 스타트업을 성공적으로 성장시키기 위해 투자 유치는 한 번으로 끝나지 않는다. 통계를 보면 유니콘기업은 평균 3~6회의 투자 유치를 받는다고 한다. 스타트업의 생사를 책임질 대표라면 투자자 입장이 되어 투자의 본질부터 이해할 필요가 있다.

투자자들은 왜 스타트업에 투자할까? 결국 돈을 벌기 위해서다. 날개 달린 천사가 되어 자선하는 것이 아니다. 투자자들도 일정 기간 내에 엑시트를 기대하고 투자한다. 후속 투자가 이루어질 때 보유한 지분을 팔거나, 투자한 회사가 M&A나 상장할 때 돈을 벌 수 있을 것으로 기대하는 것이다.

투자자를 이해하기 위해 우선 LP와 GP의 개념을 이해할 필요가 있다. LP Limited Partner는 유한책임사원으로, 자금을 대는 기관이다. 예를 들어, 연기금, 금융회사, 대기업 등이 투자 목적으로 자금을 출자하는 것이다. GP General Partner는 업무집행사원으로, GP가 LP의 자금을 지원받아 투자조합을 결성하여 기업에 투자하는 역할을 한다. VC가 여기에 해당한다. GP

가 어디에 투자할지 결정하고 펀드 운영에 대한 리스크도 진다. 즉, VC는 LP로부터 자금을 받아 펀드를 형성하여 투자하며, 금액은 많게는 수백억에서 수천억대다. VC는 이렇게 큰돈을 굴려서 그 이상의 수익을 내야 하는 입장이다. 그러므로 아무 스타트업에 투자하거나, 투자 후 가만히 보고만 있을 수는 없다.

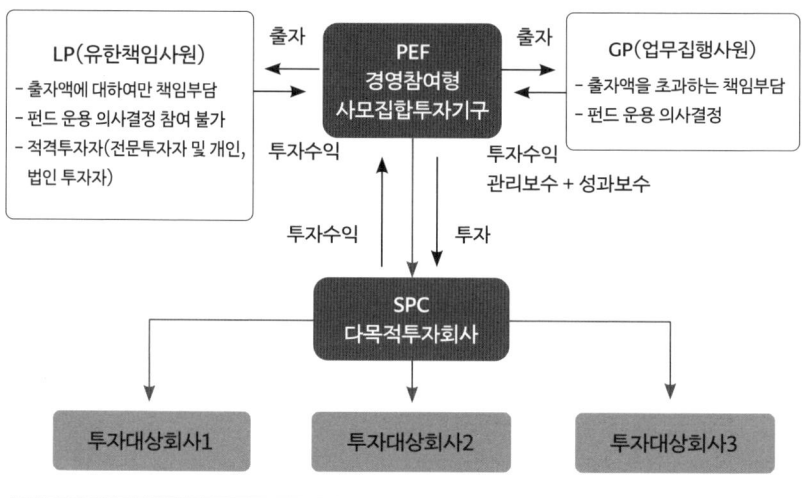

그림 8. LP와 GP의 개념(출처: 한국벤처캐피탈협회)

투자자는 본인의 목적을 달성하기 위해서 스타트업을 잘 관리하고 서포트한다. 자금 지원 외에도 자문, 네트워킹 등 다양한 리소스를 지원한다. 투자자 입장에서도 투자 실패는 본인의 커리어에 치명적 오점이 될 수 있다. 따라서 투자 후 사업이 계획대로 잘 진행하고 있는지 지속적으로 보고받는다. 특히 투자한 자금이 엉뚱한 곳에 사용되는 것은 아닌지 모니터링한다. 스타트업 대표가 투자금으로 본인의 연봉을 많이 올리거나 비싼 차를 구매한다면, 투자자의 원래 목적을 달성하기 힘들 것이다. 물론 성과가 잘 나온다면 어느 정도는 용납해줄 수 있겠지만, 제품 개발과 시장점유율 향상은 뒷전이고 개인적 이익을 우선시한다면 좋게 볼 투자자는 없다. 그래서 투자 협상 시 대표 급여에 대한 제한 조건을 붙여서, 투자 계약서에 대표는 매해 기존 보수의 10%만 올릴 수 있다는 조항을 명시하기도 한다.

스타트업과 투자자는 서로 목적을 달성하는 윈윈 관계여야 한다. 스타트업은 투자 자금을 기반으로 회사를 성장시키길 원하고, 투자자는 투자금보다 훨씬 더 많은 돈을 회수하길 원한다. 때로는 투자자가 임원으로 선임되어 경영에 간섭하기도 한다. 이렇게 투자를 받으면 스타트업은 독자적인 사업 운영에 제약이 가해지기도 한다. 한배를 탔지만 사업을 운영하는 과정에서 의견이 다를 때도 많을 것이다. 대표는 좀 더 장기적인 관점에서 의사결정을 할 수도 있으며, 당장 손해를 감수하더라도 지키고 싶은 회사의 비전도 있을 것이다. 하지만 투자자는 일정 기간 내 엑시트하는 것이 가장 중요할 것이다. 이렇듯 의견이 다를 때 잘 조율할 필요도 있지만, 투자 계약서에 관련 사항을 미리 명확하게 기재해야 한다. 스타트업 입장에서도 투자받을 때 돈만 보고 결정하지 말고 회사를 잘 성장시킬 수 있는 투자자를 선택하는 것이 중요하다. 결국 스타트업과 투자자는 핏이 맞는 전략적 파트너 관계를 구축해야 한다.

투자자들은 M&A나 IPO를 통해 엑시트하려고 할 것이다. 투자 유치 시에 이런 엑시트 방안을 제시하는 것도 좋다. VC도 LP로부터 자금을 조달받아 펀드를 결성하여 투자하는데, 펀드의 만기가 그렇게 길지 않은 경우가 많다. 일반적으로 5~7년 내외라서, 그사이에 엑시트해야 한다. 투자 유치하려는 스타트업이 IR Deck에 엑시트 계획을 너무 길게 잡으면 투자자들에게 매력이 떨어지는 상품이 된다. 가급적 3년 이내에 엑시트를 하도록 계획을 잡는 것이 좋다.

모든 투자자가 엑시트를 통한 수익 극대화를 추구하는 것은 아니다. 투자자는 투자 목적에 따라 재무적 투자자와 전략적 투자자로 구분할 수 있다. VC, 엔젤 투자자와 같이 일정 기간 내에 수익을 얻는 것이 목적인 투자자를 재무적 투자자라고 한다. 하지만 전략적 투자자는 투자를 통한 수익 창출보다 전략적 목적에 더 큰 관심을 가지고 있다. 이런 전략적 목적에는 핵심 기술 확보, 신사업 진출, 모회사와의 시너지 등 다양한 목적이 있을 수 있다. 전략적 투자를 유치하면 전략적 목적에 따른 시너지가 중요하기에 모회사로부터 인프라, 네트워킹 등 다양한 지원을 받을 수도 있다. 하지만 전략적 투자의 경우 목적 달성을 위해 경영권을 확보하려고 할 수 있기에 주의해야 한다. 따라서 큰 고민 없이 투자를 받아서는 안 된다. 스타트업의 투자를 받으려는 목적과 투자자의 목적이 서로 잘 맞아야 한다.

투자자는 무엇을 보고 스타트업에 투자할까? 투자는 도박이 아니다. 단순히 운을 믿거나 감만으로 투자하지는 않을 것이다. 최소 수억 원에서 수백억 원씩 굴리는 투자자들은 치밀하게 데이터를 분석한다. 실제 투자까지 가기 위해서는 데이터 분석 후 해당 기업이 성장하여 돈을 벌어다 줄 것이라는 확신이 들어야 한다. 투자 대상과 접촉하고 투자 결정을 내리기까지는 수개월이 걸린다. 그동안 여러 번 미팅을 가지며 많은 이야기를 나눌 것이고, 투자자는 많은 자료를 회사에 요청하여 분석한다. 또한 외부 전문가에게 의뢰하여 회계감사와 재무 실사, 법률 실사 등을 진행한다. 이렇게 분석한 많은 데이터와 투자자의 경험, 레퍼런스 체크 등을 기반으로 투자 결정을 내린다.

투자 결정에 결정적 영향을 미치는 요인은 무엇일까? 투자자의 성향은 다양하고 각자 중점을 두는 부분도 다를 것이다. 정답은 없지만 투자자가 공통적으로 중요하게 여기는 부분은 있다.

비즈니스 모델

우선 투자자들이 가장 먼저 보는 것이 사업 모델일 것이다. 무엇을 파는 회사인지, 누구에게 어떻게 파는 회사인지가 중요하다. 스타트업은 기존의 사업 모델을 그대로 답습하지 않고 문제점을 발견하여 새로운 솔루션을 제공하려고 한다. 문제점을 정확히 파악했는지, 제안하는 솔루션이 적절한지, 실현 가능성이 있는지가 비즈니스 모델의 근간이 된다. 투자자들은 새로운 비즈니스 모델을 찾고 평가, 분석하는 것이 업인 사람들이다. 어설픈 시장 분석과 시장 규모 예측, 솔루션 제안은 투자자의 관심을 끌지 못한다. 투자자의 관심을 끌기 위해서는 차별화된 비즈니스 모델을 만들어야 한다.

회계, 세무상 숫자

투자자는 점쟁이가 아니다. 돈을 벌려면 결국 숫자를 살펴봐야 한다. 현재 재무제표를 바탕으로 미래 추정 매출과 이익을 산출할 수 있다. 이를 바탕으로 회사가 성장하여 돈을 얼마나 벌 수 있을지가 나온다. 투자자는 최대한 합리적인 방법으로 미래 이익을 추정한다. 무작정 낙관적인 방법으로 미래 손익을 추정하다가 투자한 돈을 전부 날릴 수도 있다. 따라서 투자자는 보수적인 방법으로 미래 손익을 따진다. 물론 미래를 정확히 예측할 수는 없지만, 합리적 숫자를 바탕으로 내린 의사결정은 투자 불확실성을 많이 줄여줄 것이다.

경쟁자

어느 시장이나 경쟁자는 분명히 있다. 결국 시장에서 살아남을지 도태될지는 투자자에게 매우 중요한 문제다. 경쟁자와 차별점은 어떻게 만들 수 있을지, 시장점유율을 어떻게 높일 것인지에 대한 전략이 준비되어 있어야 한다. 또한 진입장벽이 있는지도 중요하다. 아이디어는 경쟁자가 쉽게 카피할 수도 있다. 하지만 스타트업이 만든 제품과 서비스에 필요한 독보적 기술력이나 특허, 라이선스가 있다면 진입장벽이 높다는 뜻이다. 진입장벽이 높을수록 투자자에게는 매력적인 상품이다.

투자 조건

투자자는 얼마나 투자하고 얼마의 지분을 받을 것인지가 매우 중요하다. 서로 생각하는 기업 가치가 다르고 협상이 원활히 이루어지지 않는다면 투자자는 투자하지 않을 것이다. 그렇다고 스타트업 입장에서 무조건 끌려다닐 수는 없다. 투자도 어차피 시장 논리에 의해 이루어진다. 스타트업 대표는 감정과 자존심을 내세워 투자자를 설득하려고 해서는 안 된다. 여러 투자자를 만나보고 대략적인 시장가를 확인한 후 전략적으로 준비하여 협상에서 유리한 카드를 제시해야 한다.

지분 관계

때로는 스타트업의 지분 관계가 투자 유치에 영향을 미칠 수 있다. 예를 들어, 선행 투자자가 있는데 낮은 가격에 전환사채 방식으로 투자했다면, 그 전환권 행사로 후속 투자자의 지분율이 낮아질 수 있다. 따라서 후속 투자자는 투자를 꺼릴 수 있다. 또한 대표 지분이 낮은 것도 투자자 입장에서 투자를 망설이는 요인이 된다. 대표 이외에도 최대 주주가 있다는 것은 대표가 휘둘릴 가능성이 있다는 말이고, 지분이 여기저기 분산되어 있다는 것은 그만큼 시어머니가 많다는 뜻이다. 따라서 소유와 경영이 분리되며 상충되는 이해관계가 발생할 수도 있다. 또한 투자 유치 전에 대표 자녀들에게 지분을 증여한 사실이 있다면 이 또한 투자자들에게 좋지 않은 영향을 줄 수도 있다. 세법상 지분 증여 후 5년 내에 상장하면 이로 인해 거액의 증여세가 발생할 수 있다. 만약 스타트업이 상장할 기회가 5년 내에 발생했는데 대표는 증여세 회피를 위해 5년이 지난 후 상장을 추진하길 원한다면, 투자자와 대표의 이해관계가 상충할 것이다.

대표

대표가 어떤 사람인지가 투자 유치 의사결정에 큰 영향을 미친다. 투자자는 이전에 창업 경험이 있고 네트워크 및 보유한 지식과 역량이 뛰어난 대표를 선호한다. 또한 대표가 신뢰할 만한 사람인지 비교적 시간을 두고 판단한다. 투자업계도 생각보다 좁다. 투자자들 사이에 네트워크가 형성되어 있어서 소문은 생각보다 빨리 퍼진다. 투자자들도 큰돈을 줘야 하니, 네트워크를 활용해 레퍼런스 체크를 반드시 한다. 만약 대표가 이전에 창업 경험이 있었는데 평판이 안 좋았다면 새로운 투자자는 투자를 꺼릴 것이다. 만약 대표가 배임이나 횡령의 이력이 있었다면 아주 치명적이다.

팀

스타트업은 대표 혼자 탁월한 성과를 만들어낼 수 없다. 대표도 중요하지만 어떤 팀을 구성했는지도 매우 중요하다. 특히 C레벨에 어떤 사람을 영입했는지가 투자 유치 시 큰 영향을 미칠 수 있다. 업계에서 이름이 알려진 사람들이 모였다면 투자 매력도는 훨씬 높아진다. 팀워크도 매우 중요하다. 스타트업도 사람들이 모인 조직이니 조직에서 갈등이 발생하기 마련이다. 더구나 공동 창업을 했다면 더욱 주의해야 한다. 공동 창업자 간의 다툼으로 분쟁이 발생하고 팀이 와해되는 경우가 꽤 많다. 반드시 주주 간 계약 혹은 동업 계약에 의해 다툼을 최소화하고, 분쟁이 발생하더라도 조속히 해결할 수 있어야 한다.

02 투자자들이 주목하는 숫자들, 투자 유치 핵심 포인트

☞ "숫자는 거짓말을 하지 않는다. 사람이 거짓말을 할 뿐이다."

투자자는 여러 가지 요소를 검토하여 투자를 결정한다. 그러나 결국 숫자로 얘기한다. 사업 아이템과 대표의 역량이 아무리 뛰어나도 숫자로 증명되지 않으면 안 된다. 숫자는 회계상 숫자와 비회계상 숫자로 구분할 수 있다. 비회계상 숫자는 고객수, 시장점유율, 전환율 등이 있을 것이고, 회계상 숫자는 재무제표를 바탕으로 산출되는 매출, 이익 등이 있을 것이다. 모두 중요하지만 투자 유치를 위해 어떤 부분을 중점적으로 관리해야 하는지 알아보자.

매출 증가율, 이익 증가율

스타트업 투자자들은 충분히 성장한 회사에 투자하는 것이 아니다. 아직은 초기 단계이지만 성장 가능성이 큰 회사에 투자하여 대박을 노리는 것이다. 따라서 현재 매출, 이익보다 매출 증가율, 이익 증가율을 더 관심 있게 본다. 매출 증가율, 이익 증가율을 통해 미래 매출, 이익을 추정할 수 있기 때문이다.

시장 규모

전체 시장 규모 TAM가 얼마인지, 현실적으로 서비스 가능한 시장 규모

SAM는 얼마인지, 단기간 확보 가능한 시장 규모 SOM는 얼마인지가 중요하다. 시장 규모가 커야 매력적인 상품이다. 이를 파악해서 투자자는 시장 기회와 스타트업의 성장 가능성을 예측할 수 있다.

고객 지표

고객 유지율 CRR, 고객 이탈율 Churn rate, 고객 획득 비용 CAC, 고객 생애 가치 LTV, 재구매 고객 비율 등의 숫자가 중요하다. 이를 통해 스타트업의 비즈니스 모델이 얼마나 유효하고 성장 잠재력이 있는지 판단할 수 있다.

현금흐름

투자자는 스타트업의 현금흐름을 파악하여 스타트업이 얼마나 생존할 수 있을지 확인한다. 투자금이 스타트업에 입금되었는데도 현금흐름이 나빠 오래 생존하지 못한다면 리스크가 크다. 현금이 소진되기 전에 스타트업이 매출이나 후속 투자를 만들어내지 못한다면 투자의 목적을 달성하기 어렵다.

이렇게 투자자들이 보는 숫자 중 가장 중요한 부분이 회사가 얼마를 벌고 얼마나 이익을 내는지다. 따라서 재무제표상 매출과 이익을 확인한다. 이 두 숫자는 회사가 지속적으로 성장하고 생존할 수 있는지 보여준다. 그렇다면 매출과 이익 중에 무엇이 더 중요할까?

당연히 매출과 이익이 모두 잘 나오면 좋겠지만, 경영 전략에 따라 둘 중 하나에 더 큰 비중을 두는 경우도 있다. 국내 유니콘 기업의 경우 이익이 나는 곳은 거의 없다. 많은 회사가 큰 손실을 보더라도 매출 규모를 늘리는 전략을 사용하기 때문이다. 안정적으로 이익을 내며 차츰 성장할 것인지, 아니면 손실을 보더라도 빠르게 시장점유율을 높일 것인지는 전략 선택의 문제다. 경쟁업체와 치열한 싸움에서 빠른 시장 선점을 통해 경쟁자를 압도하는 것은 매우 중요하다. 이렇게 캐시버닝 전략을 선택하여 빠르게 외형적 규모를 키운 회사들이 기업 가치를 높게 평가받기도 한다.

하지만 규모를 빠르게 키운 회사가 지속적으로 생존할 수 있는지는 다른 문제다. 과거 티몬, 위메프 사태를 보더라도 무리하게 외형만 키우다가 어느 순간 부도 위기를 맞을 수 있다. 회사의 누적 손실이 커지면 투자금을 빠르게 소진하며, 생존을 위해 후속 투자를 지속적으로 받거나 재무 구조를 개선해야 한다. 상황을 극복하지 못하면 오래 버티지 못할 것이다. 결국 두 지표 모두 잘 관리해야 하지만 전략에 따라 우선순위가 달라질 수 있다.

투자자들이 가장 중점적으로 보는 숫자는 매출과 이익이다. 그렇다고 투자를 잘 받기 위해 이 숫자들을 회계상으로 조작해서는 안 된다. 회계상 숫자를 실제보다 더 좋게 보이기 위해 회계장부를 조작하는 것을 분식회계라고 한다. 투자자가 스타트업 재무제표에서 가장 주목하는 부분 중 하나는 분식이 있었는지 여부다. 투자자는 재무제표 숫자를 가지고 기업 가치를 평가하는데, 숫자들이 부풀려진 것이라면 실제보다 높게 평가할 것이다. 분식회계는 실제보다 장부상 매출을 늘리거나, 비용을 줄이는 것이다. 분식회계를 하면 이익이 늘어나기에 세금을 더 많이 내지만, 스타트업으로서는 납부하는 세금보다 투자금이 더 많기 때문에 유혹이 크다. 하지만 투자자도 그렇게 호락호락하지는 않다. 전문가에게 의뢰하여 회계감사와 재무 실사를 실시해서 분식 여부를 검증한다. 만약 그 과정에서 분식이 발견된다면 투자자의 신뢰는 무너질 것이다.

☞ "거짓 숫자는 잠시 회사를 살릴 수 있지만, 결국 회사를 무너뜨린다."

스타트업이 하지 말아야 할 분식회계의 대표적 방법을 알아보겠다.

매출과대계상

 분식회계의 가장 대표적인 예는 장부에 매출을 실제보다 더 크게 인식하는 것이다. 실제로 발생하지 않은 가공 매출을 계상하거나, 매출 인식 시기를 조절하여 내년 매출을 미리 잡는 방법 등을 사용할 수 있다. 스타트업과 특수관계에 있는 다른 회사에 실제 거래가 없는데 매출세금계산서를 발행하는 것이 많이 사용하는 방법이다. 또한 정부지원금 입금액을 매출로 잡는 것도 회계 기준에 맞지 않는 잘못된 방법이다.

비용과소계상

 비용을 줄여 이익을 늘리는 것도 분식회계의 예다. 실제 지출한 비용을 장부에 고의로 누락하거나 비용 인식 시기를 조절하여 다음 연도로 이월시키는 방법을 사용할 수 있다. 당기 비용을 지출했지만, 장부상 선급금이나 선급 비용으로 처리하면 회계상 이익이 개선되는 것이다.

자산과대계상

 장부에 자산을 실제보다 더 크게 인식하는 것도 분식회계의 방법이다. 예를 들어, 재고자산을 실제보다 더 많이 인식하면 매출원가를 작게 인식하고 결국 실제보다 이익이 커진다. 또한 유형자산이나 무형자산을 보유한 회사가 자산 재평가 이익을 과도하게 인식하면 실제보다 자본을 부풀리는 셈이다. 회계상 합리적인 방법에 의해 재평가이익을 인식할 수 있으나 비합리적 방식으로 과도하게 평가하면 분식에 해당한다.

 스타트업이 많이 사용하는 또 다른 방법은 개발비 자산계정을 부풀리는 것이다. 일반적인 스타트업은 보유한 자산은 크지 않지만 연구개발 활동은 많이 한다. 회계상 연구개발 활동에 사용된 비용을 자산화하기 위해서는 일정한 조건이 필요하다. 회계에서는 연구 단계와 개발 단계로 구분하여 연구 단계에서 발생한 지출은 전액 비용 처리하고, 개발 단계에서 발생한 지출은 일정 조건을 충족하면 자산화하도록 되어 있다. 하지만 이런 조건을 충족하지 못한 지출을 개발비로 계상하는 것은 분식에 해당한다. 당기에 반영될 비용을 자산으로 인식하니 재무제표상 실적이 좋아 보인다. 회계 기준에서는 개발비의 무형자산 인식 조건을 명시하고 있으니, 개발비로 계상하려면 다음의 조건을 모두 충족하는지 확인해보아야 한다.

개발비의 자산 인식 요건

(1) 무형자산을 사용 또는 판매하기 위해 그 자산을 완성시킬 수 있는 기술적 실현 가능성을 제시할 수 있다.
(2) 무형자산을 완성해 그것을 사용하거나 판매하려는 기업의 의도가 있다.
(3) 완성된 무형자산을 사용하거나 판매할 수 있는 기업의 능력을 제시할 수 있다.
(4) 무형자산이 어떻게 미래경제적효익을 창출할 것인가를 보여줄 수 있다. 예를 들면, 무형자산의 산출물, 그 무형자산에 대한 시장의 존재 또는 무형자산이 내부적으로 사용될 것이라면 그 유용성을 제시하여야 한다.
(5) 무형자산의 개발을 완료하고 그것을 판매 또는 사용하는 데 필요한 기술적, 금전적 자원을 충분히 확보하고 있다는 사실을 제시할 수 있다.
(6) 개발 단계에서 발생한 무형자산 관련 지출을 신뢰성 있게 구분하여 측정할 수 있다.

03 기업가치 평가에서 세무가 신뢰를 결정하는 이유

> "가치를 정확히 알아야 기회도 정확히 잡을 수 있다."

투자자들은 스타트업이 얼마나 가치가 있는지 판단하기 위해 기업가치평가를 실시한다. 기업가치평가는 기업의 가치를 객관적이고 합리적으로 평가하는 것이다. 어떻게 평가하는 것일까? 현재 보유한 순자산 자산-부채에 대한 가치와 미래의 현금 창출 능력 등 다양한 요소를 고려하여 결정한다. 기업가치평가는 투자자가 투자 여부를 결정할 때 사용하기도 하지만, 스타트업 입장에서도 얼마나 투자 유치할 수 있는지 가늠하는 지표가 된다. 기업 가치를 모른다는 것은, 내 회사의 가격표를 모른 채 시장에 선 것과 같다. 기업가치평가에 사용하는 방법에 따라 기업 가치가 많이 차이날 수 있다. 따라서 스타트업도 투자를 유치하기 전에 미리 기업가치평가를 해보고 유리한 방법을 찾는 것이 좋다. 투자 유치 시 투자자의 감정에 호소하기보다 충분한 데이터를 가지고 있어야 투자 협상을 유리하게 이끌 수 있다.

기업가치평가에 정답은 없지만 동종 업종과 시장 상황, 회사의 특수성 등을 토대로 합리적인 평가 방법을 찾아야 한다. 일반적으로 사용되는 기업가치평가 방법에 대해 알아보자.

DCF(현금흐름할인법)

현금흐름할인법은 기업가치평가 시 가장 많이 사용되는 방법 중 하나다.

미래 5년간의 현금흐름을 추정한 후 할인율을 적용하여 현재 가치로 계산하는 것이다. 미래 현금흐름을 어떻게 합리적으로 추정할 수 있을지, 할인율을 어떻게 적용할지에 대한 논의가 필요하다.

PER(주가수익비율)

PER은 주가를 주당순이익으로 나눈 비율이다. PER로 기업 가치를 평가하기 위해서는 비교군이 필요하다. 동종업계의 PER을 조사하여, 회사의 PER이 동종업계보다 높으면 고평가되었다고 보고, 낮으면 저평가되었다고 본다.

EV/EBITDA

EV/EBITDA는 EV Enterprise Value를 EBITDA Earnings Before Interest, Taxes, Depreciation and Amortization로 나눈 비율이다. 기업 가치를 순영업활동으로 발생한 이익으로 나눈 것으로, 현금흐름 대비 기업 가치가 몇 배인지 나타낸다. 예를 들어, EV/EBITDA가 5배라면 기업 가치로 매수할 경우 5년 동안 투자금을 회수할 수 있다는 뜻이다.

PSR(주가매출비율)

주가를 주당 매출로 나눈 비율이다. 즉, 기업 가치를 연간 매출액으로 나눈 값이다. PSR이 높으면 고평가된 것이고 낮으면 저평가된 것이다. 이 방법은 이익이 아닌 매출액을 사용하여 평가한다. 스타트업처럼 성장하는 단계에서는 손실이거나 이익이 크지 않기에 매출 성장성에 중점을 두어 평가하는 방법이다.

비상장주식평가

상속세 및 증여세법에는 주식의 시가를 확인하기 어려운 경우 비상장주식평가액을 사용한다. 순자산가치와 순손익가치를 가중 평균하여 평가액을 산출한다. 상속세 및 증여세법상 비상장주식평가는 세금 신고 시 주로 사용하는 방법이지, 스타트업 투자 시에 사용하는 방법은 아니다.

이런 방법들은 매출이나 이익을 기반으로 평가하는 것이다. 하지만 초기 스타트업은 매출이 없거나 크지 않은 경우가 대부분이라서, 매출이나 이익만으로 평가하면 미래의 성장성이나 잠재력을 인정받기 어렵다. 스타트업을 평가하는 다른 방법도 있다.

스코어카드기법(Scorecard valuation method)

동종 업계의 다른 회사가 어느 정도 평가받았는지 확인한 후, 그 금액을 기준으로 환산값을 반영하여 평가하는 방법이다. 투자 유치에 성공한 유사한 스타트업이 얼마나 평가받았는지 확인해야 한다. 평가 대상 스타트업의 평가 항목을 설정하여 환산값을 산출한다. 평가 항목은 어떤 항목으로 평가할지, 배점은 어떻게 줄지 합리적으로 설정한다. 이렇게 항목별 점수에 가중치를 곱하여 환산값을 산출할 수 있다.

항목	가중치	점수	환산값
비즈니스 모델	30%	6	1.8
시장 규모	25%	5	1.25
팀	20%	6	1.2
기술 경쟁력	20%	3	0.6
경쟁 환경	5%	2	0.1
합계			4.95

표 18. 스코어카드기법 예시

버커스기법(Berkus method)

매출이 없는 초기 스타트업을 보유 역량 및 성장 가능성에 초점을 두어 평가하는 방식이다. 예를 들어, 비즈니스 모델, 시장 진입 가능성, 제품 출시 가능성, 프로토타입 완성도, 창업팀 역량 등의 평가 요소를 나누어 평가를 실시한다. 각 평가 요소에 금액을 할당 후 합산하여 기업 가치를 산정하는데, 최대 평가 금액이 총 25억 원이라면 5개 평가 요소에 각 5억 원씩 할당하여 합산하여 기업 가치를 산정한다. 다른 방법에 비해 주관적 요소가 많이 반영된다.

벤처캐피털기법(Venture capital method)

벤처캐피털기법은 벤처캐피털 투자자들이 많이 사용하는 방식이다. 예상 엑시트 가치에 투자자가 원하는 예상 투자 수익율을 반영하여 현재 가치로 역산하여 기업 가치를 구한다. 투자자의 기대 수익율은 투자 단계별로 10~30배 정도로 산정한다. 이 방법은 투자자의 기대수익을 반영할 수 있다는 것이 장점이지만, 미래 가치를 구하는 데는 어려움이 있을 수 있다.

이렇게 투자자는 다양한 기업가치평가 방법을 사용할 수 있다. 투자 의사결정에는 투자자의 주관적 요소가 반영되지만, 최대한 객관적이고 합리적인 방법에 의해 기업 가치를 평가할 것이다. 기업가치평가에 반영되는 요소 중 많은 부분이 재무제표의 숫자를 바탕으로 한다. 과거의 매출액, 이익, 자산가액 등을 바탕으로 예상 매출액, 예상 현금흐름 등을 구할 수 있다. 이런 숫자들이 기업가치평가 기법에 반영되어 기업가치를 결정하는 것이다.

따라서 정확하게 기업 가치를 평가하려면 재무제표가 회계 기준에 맞게 잘 작성되어야 한다. 회계 기준에 맞지 않는 재무제표를 바탕으로 미래 추정 재무제표를 작성한다면 오류가 많을 것이고 의미 있는 숫자를 보여주지 못할 것이다. 그렇다면 합리적 의사결정을 할 수 없다. 이를 위해 투자자는 투자 전에 회계감사나 재무 실사를 진행하여 기존 재무제표의 적정성과 신뢰성을 검토한다. 만약 그 과정에서 치명적인 잘못이나 오류가 발견되었다면 투자자의 신뢰도 한순간에 무너진다. 따라서 기업가치평가를 위해 평소 회계 관리와 세무 관리를 꼼꼼히 해야 한다. 또한 스타트업은 투자 유치 전에 미리 기업가치평가를 받아 예상 평가액을 추정해보는 것이 좋다. 기업가치평가액을 높이기 위해 어떤 재무지표를 관리해야 하는지 알 수 있다.

04 모르면 끌려다니는 투자 협상의 필수 확인 사항

> "협상 테이블에서 무지는 가장 비싼 대가를 치른다."

스타트업이 투자 유치 준비를 하고 있다면, 투자 협상 시 고려해야 할 사항도 많다. 스타트업은 투자 유치 경험이 없거나, 있어도 1~3회 정도로 많지 않다. 하지만 투자자들은 투자를 업으로 하는 사람들이다. 수십 번에서 수백 건의 투자를 경험한 사람과 협상하는 것만으로도 스타트업으로선 매우 불리한 상황이다. 따라서 투자에 관해 많은 정보를 알 필요가 있다. 투자자는 최대한 많은 지분을 확보하고 자신에게 유리한 투자 계약서를 작성하려 할 것이다.

하지만 스타트업이 매번 끌려다녀서는 안 된다. 사전에 철저히 대비하여 협상을 유리하게 끌고 가야 한다. 투자자와의 관계에서 힘의 논리에 의해 약자가 될 가능성이 높지만, 내줄 것은 내주되 얻을 것은 얻는 것이 협상의 기술이다.

얼마를 투자받을 것인가는 얼마의 지분을 내줄 것인가와 직결된다. 투자금을 무조건 많이 받는다고 좋은 것은 아니다. 투자자는 기업 가치를 산정하고 투자하면서 지분을 원할 것이다. 따라서 투자금을 받는다는 것은 결국 지분을 얼마나 줄 것인가의 문제다. 스타트업은 투자자가 평가한 기업 가치를 임의로 조절하기가 쉽지 않다. 하지만 얼마나 투자받을 것인지는 협상할 수 있다. 필요 이상 많은 자금을 투자받으면 그만큼 대표의 지분은 많이 희석될 것이다. 투자받을 기회가 흔한 것은 아니지만, 장기적인 관점에서 신중히 결정해야 한다.

이를 위해 사업의 장기 계획을 세워야 한다. 예를 들어, 몇 년 후에 M&A나 IPO를 할 예정인지, 그사이에 몇 번의 투자 유치를 진행할 것인지, 그리고 엑시트 시점에 대표가 보유한 목표 지분율이 몇 퍼센트인지도 정해놓는 것이 좋다. 이렇게 정해놓으면 투자 라운드가 진행될 때마다 어느 정도 지분이 희석돼도 괜찮은지 정해질 것이다.

그리고 기업 가치가 정해지면 투자받을 수 있는 금액도 추정할 수 있다. 예를 들어, 현재 대표가 100%의 지분을 가지고 있는데 10년 후에 50% 정도의 지분을 보유하며 IPO를 하는 것이 목표라고 하자. 10년 동안 스케일업을 위해 3번의 투자 유치를 받는다면, 각 투자 라운드마다 지켜야 할 지분 목표를 정할 수 있다. 투자 유치 시 매번 20% 정도 지분이 희석된다면, 마지막 투자를 받은 후 대표는 51%의 지분을 보유할 수 있을 것이다. 하지만 매 투자 라운드마다 20% 넘게 지분이 희석되면 대표는 원하는 목표를 달성하지 못할 것이다. 따라서 첫 투자 때 기업 가치가 프리밸류 80억 원이라면 20억 원까지는 투자받아도 대표는 80%의 지분을 가지므로 목표를 달성할 수 있다.

기업 가치를 말할 때 프리밸류인지 포스트밸류인지를 명확히 해야 한다. 투자 협상 시 오해를 살 수도 있기 때문이다. 프리밸류는 투자를 받기 전의 가치이고, 포스트밸류는 투자를 받은 후의 가치다. 포스트밸류는 프리밸류에 투자금을 합산하여 계산할 수 있다. 투자자들은 포스트밸류로 기업 가치를 산정하려고 하지만, 스타트업 입장에서는 가급적 프리밸류로 기업 가치를 산정하는 것이 좋다.

스타트업이 VC로부터 기업 가치를 200억 원으로 평가받아 30억 원을 투자받는 경우를 예로 들어보자. 기업 가치를 프리밸류로 하면 VC의 지분율은 약 13%가 되지만, 포스트밸류라면 VC의 지분율은 15%가 된다. 2%의 지분 차이지만 경우에 따라 엑시트 시 상당한 금액 차이가 날 수 있다. 따라서 협상 시 기업 가치가 프리밸류인지 포스트밸류인지 명확히 하지 않으면 오해가 생길 수 있고, 괜한 오해로 투자 유치에 차질이 생길 수도 있으니 주의해야 한다.

구분	프리밸류	포스트밸류
투자 전 기업 가치	200억 원	170억 원
투자 금액	30억 원	30억 원
투자 후 기업 가치	230억 원	200억 원
VC 지분율	13%	15%

표 19. 프리밸류, 포스트밸류 예시

투자자들은 협상 시 리스크를 최소화하기 위해 다양한 방법을 사용한다. 투자자는 투자하면 스타트업의 주식을 보유한다. 주식은 보통주와 우선주로 나뉘는데, 우선주는 재산을 우선적으로 분배받을 수 있는 권리가 따른다. 일반적으로 스타트업 투자자들은 리스크를 최소화하기 위해 보통주 투자는 거의 하지 않는다. 상환전환우선주 형태의 투자를 가장 많이 하고, 일부는 신주인수권부사채, 전환사채 형태의 투자를 한다. 신주인수권부사채, 전환사채는 메자닌 투자라고 하는데, 메자닌은 1층과 2층 사이의 라운지 공간을 의미한다. 즉, 채권과 주식의 중간적인 성격인 신주인수권부사채, 전환사채를 메자닌이라고 한다. 스타트업은 이런 투자 방식에 대해 잘 알아야 한다.

상환전환우선주

상환전환우선주는 상환권과 전환권, 우선권을 모두 가진다. 따라서 투자자가 원하면 조기 상환을 요구할 수 있으며, 보통주로 전환할 수도 있다. 또한 우선주이니 배당이나 잔여 재산에 대해 우선권도 있다. 이를 통해 투자자 입장에서 불확실성을 대비할 수 있고, 리스크도 최소화할 수 있다. 스타트업 입장에서는 투자를 받고 보통주를 발행하고 싶겠지만, 투자 유치를 위해 어쩔 수 없이 투자자에게 유리한 상환전환우선주를 발행한다.

신주인수권부사채

신주인수권부사채는 신주인수권이 부여된 사채다. 기본적으로 사채이기 때문에 이자를 받을 수 있고 만기에 원금을 돌려받을 권리도 있다. 주식 가치가 올라 투자자가 신주인수권을 행사하면 약정된 조건에 따라 주식을 살 수 있다. 주식을 살 때는 조건에 따라 주금을 납입해야 하며, 신주인수권을 행사해도 기존 사채는 유지된다.

전환사채

전환사채는 전환권이 부여된 사채다. 전환권 행사 전에는 이자를 받을 수 있고, 전환권 행사 이후에는 사채가 소멸하고 주식으로 전환된다. 신주인수권부사채와 차이점은 사채와 별도의 신주인수권이 있는지 여부다. 전환사채는 사채가 소멸하고 주식으로 전환되지만, 신주인수권부사채는 주식인수권이 따로 있어서 주식을 인수해도 사채는 존속한다. 전환사채를 주식으로 전환하기 위해서 전환 기간 내에 전환청구권을 행사하면, 전환 조건에 따라 주식을 부여받는다.

투자자는 리스크를 최소화하기 위해 투자 계약서에 위약벌이나 리픽싱 조항을 포함하기도 한다. 그 외에도 연대보증, 경영 간섭 조항, 태그어롱 Tag-along, 1대 주주와 같은 가격에 지분 매도를 요청할 수 있는 권리, 공동매도참여권, 드래그어롱 Drag-along, 특정 주주가 지분을 제3자에게 매각할 때 다른 주주들에게 동일한 조건으로 지분 매각을 강제할 수 있는 권리, 동반매도요구권, 퇴사 후 경업 금지 조항 등의 조건을 추가하기도 한다. 협상 시 스타트업은 이런 조항을 잘 이해하고 법률적 검토를 통해 스타트업에 너무 불리한 건 아닌지 꼼꼼히 따져봐야 한다.

리픽싱

투자자와 스타트업 간의 협약에 의해 특정 조건이 되면 전환 가격이나 인수 가격을 재조정하는 것을 말한다. 스타트업에 불리하고 투자자에게 유리한 조항이다. 예를 들어, 성과를 달성하지 못하면 전환사채의 전환 가격이나 신주인수권부사채의 행사 가격을 낮춰 투자자가 지분을 더 많이 가져갈 수 있다. 상장법인의 경우 법정 리픽싱 한도는 70%다. 비상장법인의 법정 한도는 없으나 70% 한도 내에서 정하는 경우가 많다.

위약벌

투자계약서상 명시된 조항을 이행하지 않은 경우 스타트업에 벌금을 부과하는 것이다. 예를 들어, 투자금을 정해진 용도가 아닌 다른 용도로 사용하는 경우 벌금을 부과하여 제재하는 방식이다. 위약벌은 손해배상에 대해 지급하는 위약금과는 다른 개념이다. 스타트업 입장에서 위약벌 조항이 있으면 불리하므로, 가급적 포함하지 않는 것이 좋다. 하지만 불가피한 경우에는 합리적 범위 내에서 설정할 필요가 있다. 과도한 위약벌은 민법상 문제가 될 수 있다.

05 투자 유치에 유리한 재무제표란?

☞ "재무제표는 사업을 평가받는 첫 번째 프레젠테이션이다."

투자 유치에 유리한 재무제표가 있을까? 그렇다. 투자자는 촉이나 감에 의해 돈을 투자하지는 않는다. 검증된 데이터를 바탕으로 합리적인 의사결정을 내리는 것이다. 그 데이터에서 가장 큰 비중을 차지하는 것이 바로 재무제표다. 기업가치평가도 재무제표를 기반으로 산출된다. 따라서 스타트업은 투자 유치를 위해 평소 재무제표를 잘 관리해야 한다.

재무제표란 회사의 재무 상태나 경영 성과를 나타내는 문서의 집합이다. 이런 재무제표에는 재무상태표, 손익계산서, 현금흐름표, 자본변동표, 주석이 있다. 종류가 너무 많아서 복잡할 수도 있지만 걱정하지 않아도 된다. 외부 감사를 받지 않는 초기 스타트업의 경우 재무상태표와 손익계산서만 관리해도 충분하다. 보통 재무제표를 회사의 얼굴이라고 하는데, 외부 이해관계자는 재무제표를 보고 회사를 판단하기 때문이다. 투자자들도 마찬가지다. 그렇다면 투자자들이 재무제표에서 주로 확인하는 6가지 사항을 살펴보자.

재무제표의 신뢰성

재무제표의 숫자도 중요하지만, 재무제표가 얼마나 믿을 만한지가 먼저다. 재무제표 숫자가 아무리 좋아도 믿음이 안 간다면 과연 누가 선뜻 투자할까? 따라서 재무제표가 회계 기준에 맞게 작성되어야 하는 것이 기본이다. 투자자는 투자하기 전에 회계감사나 재무 실사를 진행하여 재무제표의 신뢰성을 검증한다.

매출액, 영업이익

투자자들이 관심을 가지는 항목 중 가장 대표적인 것이 매출액과 영업이익일 것이다. 투자자로선 과거의 성과도 중요하지만 미래에 얼마나 성과를 낼 수 있을지도 중요하다. 따라서 회사가 현재 얼마나 수익을 창출하고 있는지, 얼마나 성장하고 있는지 확인할 것이다. 이를 확인할 수 있는 숫자가 손익계산서상 매출액과 영업이익이다. 현재 손익계산서에 나오는 매출액, 영업이익의 크기도 중요하지만, 과거의 누적된 데이터를 바탕으로 변화율을 산출하여 미래를 예측할 수도 있다. 따라서 과거 손익계산서상 숫자를 가지고 미래의 추정 손익계산서를 작성하여 투자 의사결정에 참고한다.

자산

회사가 현재 보유한 자산, 부채, 자본을 나타내는 재무제표는 재무상태표다. 자산은 현금이나 매출채권, 부동산, 자동차 등 재산적 가치가 있는 재화를 말한다. 따라서 회사가 얼마의 자산을 보유하고 있는지는 투자자에게 중요한 관심사가 된다. 또한 특허권, 상표권 같은 지식재산권이 재무상태표에 있는지도 확인한다. 재무상태표상 부동산이나 지식재산권 등의 금액을 장부가라고 하는데, 장부가는 실제 가치와 다를 수 있다. 정확한 가치 산정을 위해 시가나 감정평가액을 확인할 필요도 있다.

부채

회사가 보유한 자산도 중요하지만 회사가 얼마나 부채를 보유하고 있는지도 중요하다. 자산이 많더라도 부채 비중이 매우 높다면 부실한 회사로 평가받을 수 있다. 이런 부채에는 매입채무, 미지급금, 차입금 등이 있다. 부채는 갚아야 할 돈이다. 그런데 언제까지 갚아야 하는지도 중요하다. 1년 이내 갚아야 하는지 아닌지에 따라 유동부채와 비유동부채로 나뉜다. 만약 빨리 갚아야 할 부채가 많다면 안정적이지 않은 것이다. 유동자산과 유동부채를 나눈 유동비율도 회사의 안정성을 판단하는 중요한 지표가 된다.

자본

재무상태표상 자본은 현재 회사의 자본금, 자본잉여금, 이익잉여금이 얼마인지를 나타낸다. 투자자는 기존 자본금과 주주 현황이 궁금할 것이다. 투자자의 지분율에 영향을 미치기 때문이다. 재무상태표에 주주 현황이 나오지는 않지만, 총자본금과 주식발행초과금을 비롯하여 또한 누적된 이익인 이익잉여금과 준비금이 얼마인지 확인할 수 있다.

현금흐름표

현금흐름표는 현금의 유출과 유입을 기록한 표다. 일반적인 재무제표는 회계상 발생주의로 인식한다. 하지만 현금흐름표는 현금주의로 인식하고 있다. 투자자 입장에서 회사의 현금흐름이 어떤지 확인하는 것도 매우 중요하다. 현금흐름표는 영업 활동 현금흐름, 투자 활동 현금흐름, 재무 활동 현금흐름의 3가지로 구분하여 기록된다. 각 활동별로 무조건 돈이 유입된다고 좋은 신호는 아니다. 일반적으로 우량회사는 영업 활동, 투자 활동, 재무 활동이 플러스, 마이너스, 마이너스의 형태를 보인다. 즉, 영업활동을 통해 돈이 유입되고plus, 그 돈을 가지고 미래에 대한 투자 활동을 하고마이너스, 또한 부채를 갚는마이너스 것이다. 스타트업의 경우에는 영업 활동, 투자 활동, 재무 활동이 마이너스, 마이너스, 플러스의 형태를 띠는 경우가 많다. 즉, 스타트업 초기에는 영업손실을 감수하고마이너스, 미래를 위한 투자활동을 하며마이너스, 투자를 받아 자금을 조달하는플러스 형태다.

스타트업 대표는 투자 유치에 가장 중요한 자료가 되는 재무제표를 잘 볼 줄 알아야 한다. 또한 재무제표를 볼 줄 알아야 경영도 잘할 수 있다. 대표는 사업 현황을 파악하고 의사결정을 내리고, 현금흐름을 예측하고 자금을 조달해야 하는 사람이다. 그러기 위해서는 회계적 정보가 반드시 필요하고 그 정보를 보고 해석할 줄 알아야 한다.

재무제표를 잘 이해하기 위해 스타트업 대표는 어떻게 접근해야 효율적일까? 재무제표를 많이 봐야 한다. 재무제표를 쉽게 검색할 수 있는 다트 https://dart.fss.or.kr/란 사이트가 있다. 여기에는 공시 의무가 있는 회사의 재무제표가 등록되어 있어서 누구나 무료로 재무제표를 검색할 수 있다. 검색창에 회사명을 입력하고 감사보고서를 찾아서 재무제표를 확인할 수 있다.

그림 9. 금융감독원 전자공시시스템(출처: https://dart.fss.or.kr)

평소 관심 있었던 회사의 재무제표, 동종업종 혹은 경쟁사의 재무제표나 스타트업으로 대박 난 회사의 재무제표를 검색할 수 있다. 매출과 이익, 주요 계정과목, 주요 재무 지표, 주석을 확인하면 좋다. 재무제표를 많이 보면 궁금한 사항도 생길 테니, 외부 강의를 듣거나 회계 교양책을 보는 것도 도움이 된다. 하지만 대표는 사업을 운영하기에 늘 바쁘고 시간이 부족하다. 따라서 세무사, 회계사와 친분을 쌓고 재무제표 관련 문의 사항이 있을 때 상담받는 것이 좋다.

06 아는 사람에게만 보이는 재무 지표 관리

> "측정되지 않은 것은 관리되지 않는다."
> • 피터 드러커 •

투자자는 재무제표의 숫자를 분석하여 다양한 재무 지표를 확인한다. 따라서 스타트업 대표도 재무 지표를 잘 알아야 재무 지표를 제대로 관리할 수 있다. 재무제표는 단순한 숫자의 나열이 아니며, 필요한 정보를 파악할 수 있어야 한다. 재무 지표는 아는 사람에게만 보인다. 재무 지표의 종류는 다양하지만 수익성 지표, 성장성 지표, 안정성 지표, 활동성 지표 등으로 나눌 수 있다. 주식 투자를 해본 사람들이라면 이런 재무 지표를 많이 보았을 것이다. 투자 유치를 위해 관리가 필요한 재무 지표 몇 가지를 알아보자.

안정성 지표

안정성 지표는 회사 재무 구조의 안정성과 유동성을 측정하는 지표로 대표적으로 부채비율과 유동비율이 있다.

부채비율: 부채/자본×100%

부채비율은 총부채를 총자본으로 나눈 비율로, 부채가 자본에 비해 얼마나 많은지 비교하는 것이다. 부채비율이 높으면 그만큼 기업이 많은 부채를 통해 자금을 융통해 사업을 운영하고 있다는 것이고, 장기적으로는 갚아야 할 돈이 자본에 비해 많다는 것이다. 따라서 안정성이 떨어진다고 볼 수 있다. 하지만 부채는 레버리지 효과를 낼 수 있기 때문에 적정 부채비율을 유지할 필요도 있다. 일반적으로 부채비율은 200~300% 정도면 양호하다고 본다.

유동비율: 유동자산/유동부채×100%

유동비율은 유동자산을 유동부채로 나눈 비율이다. 회계상 유동자산과 비유동자산, 유동부채와 비유동부채로 나누는 것은 1년을 기준으로 한다. 유동비율은 현금뿐 아니라 매출채권, 재고자산까지 더한 유동자산 전체로, 유동부채를 갚을 능력을 측정한다. 아무리 수익이 많이 나도 유동성이 떨어진다면, 즉 유동부채를 갚을 유동자산이 부족하면 부도가 날 수 있다. 따라서 유동비율은 기업의 안정을 측정하는 중요한 지표가 된다.

성장성 지표

성장성 지표란 회사의 사업 규모가 얼마나 성장했는지 보여주는 지표다. 성장성 지표 중 대표적인 것이 매출증가율, 총자산증가율, 영업이익증가율이다.

매출증가율: (당기매출액-전기매출액)/전기매출액×100%

회사의 매출이 전기 말에 비해 얼마나 증가했는지를 나타내는 비율로, 회사의 매출 증가액을 기준으로 수치화하여 기업가치평가에 활용할 수 있다.

총자산증가율: (당기 말 총자산-전기 말 총자산)/전기 말 총자산×100%

회사의 총자산 규모가 전기 말에 비해 얼마나 증가했는지를 나타내는 비율로, 회사의 외형적 성장을 파악하는 데 사용되는 지표다.

영업이익증가율: (당기영업이익-전기영업이익)/전기영업이익×100%

회사의 영업이익이 전기 말에 비해 얼마나 증가했는지를 나타내는 비율로, 회사의 내형적, 실질적 성장을 파악하는 데 사용되는 지표다.

기업의 가치평가에서 중요한 것은 성장 가능성이다. 특히 스타트업의 경우 당장 이익이 나지 않더라도 성장성이 있는 회사가 높게 평가받는다. 예를 들어, 쿠팡과 같이 손실을 감수하고서라도 시장을 장악 후 수익성을 개선하는 전략을 사용할 수도 있다. 하지만 미래에도 성장률이 유지될 수 있을지 판단하려면 성장성 지표만으로 단정 지을 수는 없다. 재무제표는 과거 실적에 관한 정보만 담겨 있기 때문이다. 따라서 기업의 미래 성장 가능성을 예측할 때는 시장, 사업환경, 경쟁사, 비즈니스 모델 등을 종합적으로 고려하여 판단해야 한다.

수익성 지표

수익성 지표는 기업이 얼마나 효율적으로 관리되고 있는지 보여주는 종합적 지표다. 수익성을 나타내는 지표 중 대표적인 것은 자기자본이익률, 총자산순이익률, 투하자본이익률이 있다.

자기자본이익률(ROE)=당기순이익/자기자본×100%

가장 대표적인 수익성 지표는 ROE로, 당기순이익을 자기자본으로 나누어 계산한다. ROE는 자기자본으로 얼마나 많은 이익을 창출했는지 나타내는 지표로, ROE가 높은 기업일수록 주어진 자본을 가지고 많은 순이익을 만들고 있다는 의미다.

총자산순이익률(ROA)=당기순이익/자산총계×100%

ROE에 비해 ROA는 부채를 포함한 자산 총계를 가지고 당기순이익을 나누어 계산한다. 자본과 부채를 합한 총자산으로 얼마나 많은 이익을 창출했는지 나타내는 지표다.

투하자본이익률(ROIC)=세후영업이익/투하자본×100%

ROIC는 ROA에서 한 단계 더 발전한 개념으로, 세후영업이익을 투하자본으로 나누어서 계산한다. 자산 중 실제로 영업 활동에 투입된 자산을 투하자본이라고 한다. 반대로 영업 활동에 투입되지 않은 자산은 유휴자본이라고 한다. ROIC는 유휴자본은 제외하고 투하자본만으로 수익성을 계산한 지표다.

3가지 지표 중 가장 많이 활용되는 지표는 ROE로, 좀 더 세분화하여 구할 수도 있는데 이를 듀퐁 분석이라고 한다.

듀퐁 분석=순이익률×총자산회전율×레버리지 비율×100%

듀퐁 분석은 경영 능력을 평가하는 순이익률과 자산을 얼마나 효율적으로 이용하는지를 나타내는 총자산 회전율과 타인 자본의 의존도를 측정하는 레버리지 비율로 구분하여 분석할 수 있다. 좀 더 복잡해 보이지만 이는 순이익을 창출하는 원인을 세부적으로 분석하기 위한 방법이다.

스타트업은 자본잠식이라는 개념을 반드시 알아야 한다. 스타트업 시작하는 초기 단계에는 손실이 발생하는 경우가 많다. 제품이나 서비스를 개발해서 출시하고 이익이 발생하기까지는 몇 년씩 걸리는 것이 일반적이다. 이 데스밸리 기간을 어떻게 잘 버티느냐에 따라 스타트업으로 성공할 수 있는지 여부가 결정되기도 한다. 이 기간에 회계적으로 주의해야 할 것이 바로 자본잠식이다. 말 그대로 자본이 잠식되었다는 뜻으로, 적자 때문에 기업이 원래 갖고 있던 자기자본이 줄어드는 현상이다. 자본은 크게 자본금, 자본잉여금, 이익잉여금으로 구성된다. 손실이 발생한 경우에는 재무상태표에 이익잉여금이 아닌 결손금이 쌓인다. 결손금은 자본 내에서 차감 형태, 즉 마이너스로 재무상태표에 기록된다. 따라서 결손금이 쌓이면 자본은 잠식이 된다. 자본잠식의 정도에 따라 부분 자본잠식, 완전 자본잠식으로 나뉜다. 완전 자본잠식이면 재무상태표에 자본 총계가 마이너스가 된다. 누적된 손실이 크거나, 자본금이 작은 경우에 발생한다. 부분 자본잠식은 자본 총계가 마이너스는 아니지만 손실이 자본금을 깎아먹은 상태다.

자본잠식이 발생하면 기업 평가에 악영향을 줄 수 있다. 결손이 누적되어 발생한 결과이니 당연히 기업 평가가 안 좋을 수밖에 없다. 따라서 정책 자금을 신청하거나 금융기관에 대출받을 계획이라면 자본잠식을 반드시 주의해야 한다. 스타트업의 경우에도 자본잠식은 부실한 기업으로 평가받아서 투자 유치에 영향을 받을 수 있다. 상장 기업의 경우 자본잠식이 발생하면 관리 종목으로 지정되거나 자본잠식 정도가 심하면 상장폐지되는 경우도 있다. 따라서 대출을 계획 중이라면 자본잠식을 해결하는 것이 좋다.

자본잠식은 어떻게 해결할 수 있을까? 당연한 말이겠지만 사업을 해서 이익을 내면 된다. 하지만 사업을 운영하면서 손실이 나는 걸 원하는 사업자는 없다. 특히 스타트업은 초기에 결손을 피할 수 없으므로, 부득이하게 자본잠식이 되면 유상증자를 고려해볼 수 있다. 유상증자로 납입 자본금을 추가로 불입하면 자본금이 증가하기에 자본잠식을 피할 수 있다. 가장 손쉬운 방법이지만, 추가적으로 자금을 투입해야 하니 부담이 될 수 있다. 만약 장부에 가수금이 있다면 부채를 자본으로 전환할 수도 있다. 다음 방법은 무상감자를 생각해볼 수 있다. 무상감자는 주식 수를 줄이되 주주에게 대가를 지급하지 않는 것이다. 따라서 무상감자를 실시하면 회계적으로는 자본금과 결손금이 같이 줄어드는 효과를 가져온다. 하지만 무상감자는 부분 자본잠식 상태를 해결할 수 있으나 완전 자본잠식 상태를 해결할 수는 없다.

07 | 엔젤 투자 유치 시 알아야 할 벤처 투자 소득공제

> "세무사님, 벤처 투자 소득공제 덕분에 시드 투자를 받았어요. 다행이에요."

얼마 전 초기 스타트업 대표가 세법 규정으로 투자를 받았다. 물론 스타트업의 비즈니스 모델이 우수하기도 했지만, 세법 규정이 투자 여부에 큰 영향을 미쳤다. 어떤 규정 때문에 투자 유치에 도움이 되었을까? 우리나라 세법에는 벤처 투자를 활성화하기 위해 개인 투자자에게 다양한 세제 혜택을 부여하고 있다. 세제 혜택을 통해 투자자는 세금을 줄일 수 있고, 스타트업 입장에서는 투자 유치의 허들을 낮출 수 있다. 하지만 투자는 세제 혜택이 있더라도 투자자 입장에서 원금 손실의 위험을 감수해야 한다. 따라서 스타트업은 투자하기에 매력적인 회사가 되도록 성과를 내는 것이 우선이다. 투자자에게 어떤 세제 혜택이 있는지 자세히 알아보자.

벤처 투자 소득공제

벤처기업 등에 투자하는 개인 투자자는 소득공제 혜택을 받을 수 있다. 소득공제는 종합소득세 과세표준을 줄여주어 개인 소득세가 줄어든다. 투자 방식과 금액에 따라 받을 수 있는 소득공제 비율이 달라진다. 개인이 벤처투자조합, 신기술투자조합 등에 출자하는 경우에는 10%의 소득공제를 받을 수 있고, 개인이 벤처기업에 직접 투자하거나 크라우드펀딩, 개인투자조합을 통해 투자한 경우에는 30~100%의 소득공제를 받을 수 있다.

벤처기업에 직접 투자하는 경우, 3천만 원 이하는 100%, 3~5천만 원까지는 70%, 5천만 원 초과는 30%의 소득공제를 받을 수 있다. 받을 수 있는 소득공제 한도는 종합소득금액의 50%이지만 상당히 큰 혜택이다.

구분	소득공제율		한도
벤처투자조합 등에 출자	10%		종합소득금액 50%
벤처기업에 직접 투자	3,000만 원 이하	100%	
개인투자조합 출자를 통해 벤처기업에 투자	3,000만 원 초과~5,000만 원 이하	70%	
크라우드 펀딩으로 벤처기업에 투자	5,000만 원 초과	30%	

표 20. 벤처 투자 소득공제율

예를 들어 3천만 원을 벤처기업에 투자한다면 3천만 원의 소득공제를 받는다. 만약 적용되는 소득세율이 40%라고 하면 1,320만 원 지방소득세 10% 포함의 세금을 줄일 수 있다. 소득공제를 받는 시기를 3년간 선택할 수 있는 것도 장점이다. 만약 2025년에 투자했다면 2025~2027년 중 세금이 많이 나오는 시기를 선택하여 소득공제를 받을 수 있다. 이처럼 벤처투자로 상당히 큰 금액을 공제받을 수 있기에, 고소득자들이 절세를 위해 많이 활용한다. 또한 벤처기업 법인의 대표나 직원도 소득공제 혜택을 받을 수 있다.

다만 주의할 사항도 있다. 투자는 설립 시 출자하거나 유상증자에 참여해야 하며, 무상증자나 기존 주주로부터 주식을 양수받았다면 소득공제를 받을 수 없다. 또한 소득공제 후 3년 이내에 지분을 양도하거나 투자금을 회수한 경우에는 세금이 추징된다.

혜택을 받기 위해서는 투자회사가 벤처기업 인증을 필수적으로 받아야 한다. 투자 당시 벤처기업이 아니더라도 2년 내로 벤처기업 인증을 받으면 소득공제를 받을 수 있다. 또한 투자자는 투자 확인서를 발급받아야 한다. 투자 확인서는 투자를 받은 벤처기업이 엔젤투자지원센터 https://www.kban.or.kr/에 신청하여 발급할 수 있다.

벤처 투자 양도소득세 비과세

개인이 투자하여 보유한 지분을 양도하면 양도차익에 대해 양도소득세가 부과되는 것이 일반적이다. 하지만 개인이 벤처기업에 직접 투자하거나 개인투자조합을 통해 투자한 경우에는 양도소득세 비과세 혜택을 받을 수 있다. 양도차익이 매우 크다면 상당히 큰 세금을 내지 않을 수 있다. 예를 들어, 벤처기업에 투자 후 주식을 양도하여 10억 원의 양도차익을 보았다면, 대략 2억 2천만 원의 세금을 내지 않아도 되는 것이다.

비과세 혜택을 받기 위한 요건도 있다. 이 혜택을 적용하기 위해서는 설립 시 출자하거나, 설립 후 5년 내 유상증자로 투자하거나, 벤처기업으로 전환 후 3년 내 투자해야 하며, 타인으로부터 양수한 지분이 아니어야 한다. 또한 투자 후 3년 이상 보유해야 하며, 투자자와 벤처기업과 특수관계가 아니어야 비과세 혜택을 받을 수 있다.

스타트업은 세제 혜택을 활용하여 투자자를 끌어들일 수 있다. 이런 제도를 활용하기 위한 출발점은 바로 벤처기업 인증을 받는 것이다. 벤처 인증을 받으면 벤처 투자 소득공제뿐 아니라 추가적인 세제 혜택도 많다. 가장 대표적인 혜택이 창업중소기업 세액감면이다. 창업중소기업 세액감면은 앞에서 자세히 설명했으니 참고하길 바란다. 또한 부동산 취득 시 취득세, 재산세를 경감받을 수 있으며, 벤처기업 스톡옵션에 대한 비과세 등 혜택도 받을 수 있다. 스톡옵션 세제 혜택에 대해서는 뒤에서 살펴볼 것이다. 또한 정부지원사업 신청 시 벤처기업에는 가산점도 따른다. 따라서 스타트업은 가급적 벤처기업 인증을 받는 것을 추천한다.

여기서 벤처기업이란 벤처기업 육성에 관한 특별법에서 정한 요건을 갖춘 기업을 말하며, 벤처 투자 유형, 연구개발 유형, 혁신성장 유형으로 구분된다.

벤처기업 유형

벤처 투자 유형
- 적격 투자기관으로부터 유치한 투자 금액 합계 5천만 원 이상
- 자본금 중 투자 금액 합계가 10% 이상

연구개발 유형
- 기업 부설 연구소, 연구개발 전담 부서, 기업 부설 창작 연구소, 기업 창작 전담 부서 중 1개 이상 보유
- 직전 4개 분기 연구개발비가 5천만 원 이상이고 총매출 중 연구개발비 비율이 5% 이상
- 벤처기업 확인기관으로부터 성장성이 우수한 것으로 평가받을 것

혁신성장 유형
- 벤처기업 확인 기관으로부터 기술의 혁신성과 사업의 성장성이 우수한 것으로 평가받을 것

벤처 투자 유형은 적격 투자기관으로부터 5천만 원 이상 투자 유치를 해야 하고, 자본금 중 투자 금액이 10% 이상이어야 한다. 여기서 적격 투자기관은 벤처투자조합, 엑셀러레이터, 개인투자조합, 전문개인투자자 전문엔젤, 크라우드펀딩, 한국산업은행, 중소기업은행, 일반은행, 기술보증기금, 신용보증기금, 중소벤처기업진흥공단 등이 있다.

연구개발 유형은 기업 부설 연구소나 연구 개발 전담 부서가 있어야 한다. 또한 연구개발비를 지난 1년간 5천만 원 이상, 매출액의 5% 이상 지출

해야 하고, 신용보증기금이나 중소벤처기업진흥공단에서 우수하다는 평가를 받아야 한다. 창업 3년 미만일 경우에는 연간 매출액 중 연구개발비 비율은 충족하지 않아도 된다.

혁신성장 유형은 벤처기업 확인 기관으로부터 기술의 혁신성과 사업의 성장성이 우수한 것으로 평가받아야 한다. 여기서 확인 기관은 기술보증기금, 나이스평가정보, 연구개발특구진흥재단, 한국과학기술정보연구원, 한국발명진흥회 등이 있다.

3가지 유형 중 나의 회사에 맞는 방법을 선택하여 준비하면 된다. 통계자료를 보면 혁신성장 유형으로 인증받은 회사가 제일 많다. 그만큼 다른 유형에 비해 인증받을 확률이 높다는 것이다.

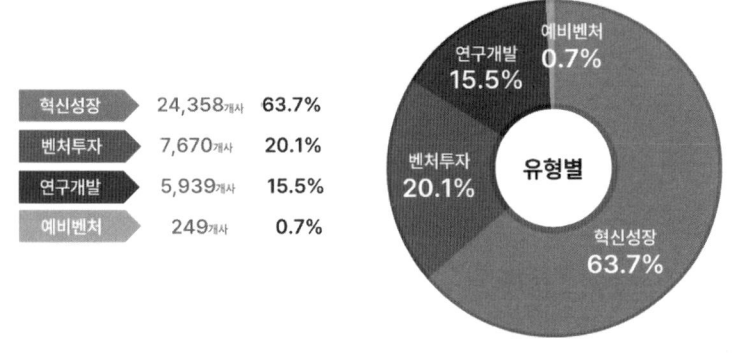

그림 10. 벤처기업 현황(출처: 벤처확인종합관리시스템, 2024년 12월 말 기준)

벤처기업 확인은 다음의 절차에 따라 진행된다. 벤처 인증을 신청하는 회사는 서류를 준비하여 접수하며 수수료를 납부해야 한다. 그러면 전문 평가 기관에서 서류 검토, 현장 조사를, 확인위원회에서 심의, 의결을 거쳐 통과 여부가 결정된다.

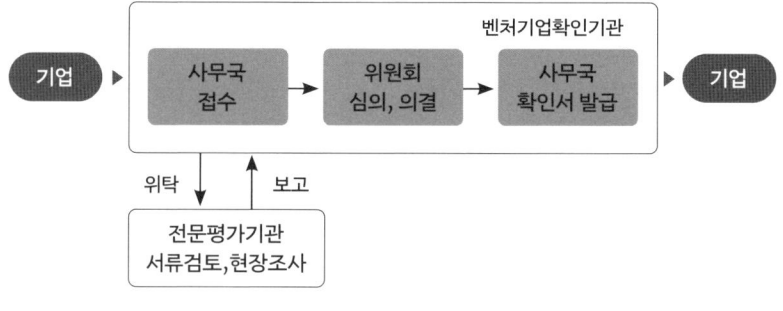

그림 11. 벤처기업 확인 절차(출처: 벤처확인종합관리시스템)

벤처 인증에는 3년의 유효기간이 있다. 세제 혜택을 지속적으로 받으려면 유효기간이 만료되기 전에 갱신해야 한다.

4장

1%만 아는 투자 단계별 세무 관리 포인트

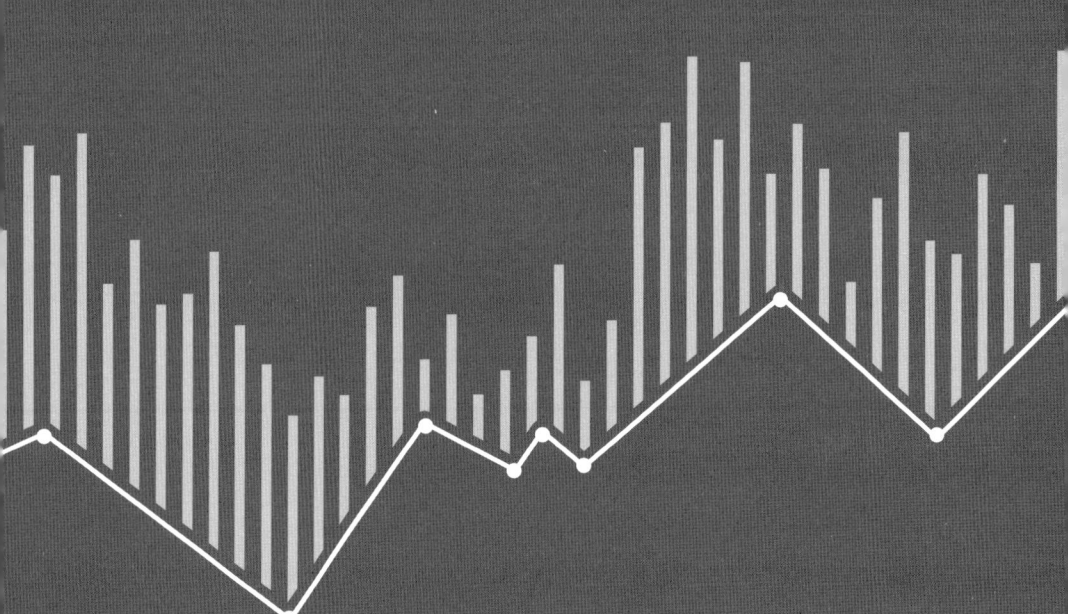

01 투자 준비 단계
: 세무도 전략적으로 준비하라

☞ "성장의 단계가 바뀌면, 세무의 전략도 달라져야 한다."

스타트업은 생존을 위해 투자 유치가 필요하다. 대출을 받거나 초기부터 매출이 발생하면 투자 유치가 필요 없을 수도 있지만, 비즈니스 전략에 따라 빠른 시장점유율 확보를 위해 투자 유치가 필요하기도 하다. 스타트업이 성장하는 과정에서 투자 유치는 한 번으로 끝나지 않는다. 여러 번의 투자 유치를 통해 생존할 수 있으며 스케일업도 할 수 있다.

스타트업이 투자받는 순서에 따라 시리즈 A, B, C, D, E, F로 나눌 수 있다. 또한 시리즈 A 전에 소규모의 엔젤 투자를 받기도 하는데, 이를 시드 투자, 프리시리즈 A투자라고 한다. 스타트업은 시리즈 C 이후에 D~F의 투자를 지속적으로 유치하기도 하지만 그 전에 M&A를 통해 엑시트하기도 하고 IPO를 준비하기도 한다. 하지만 이렇게 투자 유치를 하더라도 기업의 영속성은 보장받지 못한다. 후속 투자 유치를 하기 전에 시장에서 외면당해 사업을 철수하는 경우도 많다.

스타트업 성장 단계는 투자 단계와 맵핑할 수 있다. 초기 단계에서는 시드 투자를 받고, 제품이 출시하여 시장에서 어느 정도 검증되면 시리즈 A 투자를 받는다. 시리즈 A 투자 이후 1차 스케일업을 위해 후속 투자인 시리즈 B 투자를 받고, 이후 더 큰 2차 스케일업을 위해 시리즈 C 투자를 받는다. 시리즈 C 이후로는 계속 투자 유치를 하거나 엑시트를 준비한다. 투자

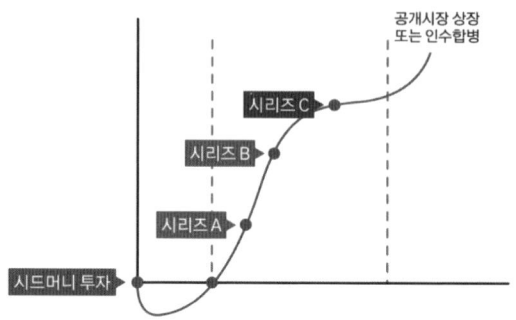

- **시드 투자** : 창업초기 시장조사, 시제품개발을 위해 받는 투자, 투자금액 수천만 원 ~ 5억 원
- **시리즈A** : 정식 제품개발, 사업모델 개발을 위해 받는 투자, 투자금액 10억 원 ~ 50억 원
- **시리즈B** : 시장점유율 확대, 인력충원 등 자금 조달을 위한 투자, 투자금액 50억 원 ~ 150억 원
- **시리즈C** : 스케일업 가속화, 사업확장을 위해 받는 투자, 투자금액 150억 원 이상

그림 12. 스타트업 투자 단계

유치 단계에 정답이 있는 것은 아니다. 스타트업 상황에 따라 투자 유치를 안 하기도 하며 1~2번의 투자 유치로 엑시트할 수도 있다. 투자를 유치하는 것은 자금을 조달하는 방법이지만, 법인 지분이 희석, 분산되기에 대표 입장에서 반드시 좋은 것만이라고 할 수도 없다.

이렇게 스타트업이 성장함에 따라 각 투자 단계별로 중점적으로 관리해야 할 세무 관리 포인트도 다르다.

투자 유치를 처음 준비하는 단계에서는 세무 관리가 매우 중요하다. 우선 투자 유치를 위해서는 투자자들에게 주식 발행이 가능하도록 회사의 법적 형태를 준비하는 것이 필요하다. 처음에 개인사업자로 사업을 시작했다면 투자 유치 전에 반드시 법인 전환을 해야 한다. 그리고 처음부터 법인사업자로 사업을 시작했다면 투자 유치 전에 지분을 정리할 필요도있다. 대표 외의 사람들에게 지분이 많이 분산되어 있거나 적대적 관계의 사람이 지분을 소유하고 있다면, 회사 운영에 걸림돌이 될 수 있다. 이런 점 때문에 지분 관계가 복잡하면 투자자 입장에서 투자를 꺼릴 수 있다. 또한 투자 유치 준비를 위해 재무제표를 잘 준비해야 한다. 스타트업 초기 단계이니 수익성 지표를 개선하기는 어렵겠지만, 신뢰성은 최대한 높여야 한다. 신뢰성에 큰 타격을 주는 것 중 하나가 가지급금이다. 가지급금은 방만한 자금 운영의 결과로 나타나는 것이다. 따라서 투자 유치를 위해 사전에 가지급금은 관리해야 한다.

시리즈 A단계는 처음 투자금이 들어왔으니 잘 운용, 관리해야 하는 시기이다. 투자금은 생각보다 금방 소모된다. 투자금이 들어왔다고 방만히 운용해서는 안 된다. 비용 지출에 대한 내부 규정을 정비하고 철저히 관리해야 한다. 투자 전 단계에서는 대표가 시간을 쪼개 경리, 회계 담당자 역할을 할 수밖에 없다. 하지만 이 단계에서는 안정적이고 투명한 자금 운용을 위해 내부 회계팀을 꾸려야 한다. 우선 회계 담당자를 채용하고 회사 자금 상황에 맞게 차츰 회계팀의 규모를 키워나가는 것이 좋다. 추후 후속 투자를 받으며 회사 규모가 어느 정도 커지면 CFO 영입까지 생각해보는 것도 좋다.

시리즈 B단계에서 회사 규모가 커지면 자연스럽게 회계감사 대상이 된다. 회계감사 대상이 되었다는 것은 이해관계자들이 언제든 회사 정보를 볼 수 있다는 뜻이다. 따라서 앞으로 더욱 회계, 세무 관리에 신경을 써야 한다. 부실한 재무제표 작성으로 인해 감사인의 부적정 의견이나 의견거절을 받는다면 회사가 받는 타격은 매우 크다. 자칫 후속 투자 유치가 어려워질 수도 있다.

시리즈 C단계라면 스타트업의 규모가 어느 정도 커진 상태다. 이때 세무조사 대상이 될 수 있다. 회사 규모가 커지면서 자연스럽게 과세관청의 이목을 끌기 때문이다. 그동안 사업을 하면서 누적된 세무 리스크가 있다면 언제든 터질 수 있다. 세무 리스크가 터지면 세금폭탄과 대외적 이미지 타격으로 회사가 휘청거릴 수도 있다. 따라서 세무조사가 나오기 전에 미리 세무 리스크를 관리할 필요가 있다.

　이후 단계에서는 점차 엑시트를 준비한다. 대표적인 엑시트 방법은 M&A나 IPO다. M&A나 IPO를 잘 준비하기 위해 재무제표 관리, 내부 회계팀 구성, 외부 감사, 세무조사 대비 등 이전 단계에서 준비했던 세무 전략이 모두 중요하다. 또 주식 거래에 대한 세금 이슈도 생각해야 한다. 비상장주식을 거래하면 세금 이슈가 발생할 수 있다. 만약 비상장주식을 시가로 거래하지 않으면 자칫 세금폭탄을 맞을 수도 있다.

　이렇듯 투자와 안정적인 성장을 위해, 후속 투자 준비를 위해 각 단계에 맞게 세무 관리를 잘 준비해야 한다.

02 투자 준비 단계
: 투자받기 전 필수인 법인 전환 방법

- "세무사님, 법인으로 전환했는데 가지급금이 왕창 생겼어요."
- "법인으로 전환했는데 감면받던 세제 혜택이 사라졌어요."

과거 법인 전환을 했던 스타트업 대표와 상담하면 간혹 이런 말을 듣는다. 법인으로 전환하면서 세무적으로 여러 가지 신경 쓸 사항이 많은데, 충분히 챙기지 않으면 다양한 문제가 발생한다.

투자는 일반적으로 지분 양도나 유상증자를 통해 이루어진다. 따라서 그동안 개인사업자 형태로 사업을 운영했다면 법인사업자 형태로 변경할 필요가 있다. 이것을 법인 전환이라고 한다. 1장에서 살펴보았듯이 개인사업자와 법인사업자는 차이가 있다. 사업 초기에는 필요에 따라 개인사업자를 선택할 수 있지만, 투자 유치를 준비한다면 반드시 법인 전환을 진행해야 한다.

법인 전환 방법도 여러 가지가 있다. 개인사업자가 토지, 건물, 공장과 같은 부동산을 보유하는 경우라면 조세특례제한법에 따른 세감면 포괄양수도나 현물출자의 방법을 사용하여 양도세를 이월과세받거나 취득세 감면의 혜택을 받을 수 있다. 부동산을 보유하지 않은 개인사업자라면 일반적인 포괄양수도 방법을 사용한다. 일반 포괄양수도 방식은 법인을 설립한 후 개인사업자가 보유한 모든 자산, 부채를 법인으로 넘기는 절차를 거친다. 대부분의 스타트업은 부동산을 보유하지 않기에 일반 포괄양수도 방식으로 진행하면 된다.

일반 포괄양수도

일반 포괄양수도 방식이 가장 많이 사용하는 전환 방법이다. 포괄양수도는 사업의 동일성을 유지한 채 사업의 일체를 개인사업자에서 법인사업자로 넘긴다는 뜻이다. 따라서 개인사업자의 모든 권리와 의무, 사업용 자산, 부채, 직원 모두 법인으로 넘어간다. 사업의 양도는 원래 부가가치세 과세 대상이지만 포괄양수도는 부가가치세가 과세되지 않는다. 포괄양수도 시 법인사업자가 부가가치세를 부담하고 다시 법인사업자가 환급받기 때문에, 실제로 부담하는 세금은 없으면서 자금의 유동성만 악화되기에 세법에서 과세를 제외했다.

포괄양수도를 통한 법인 전환이 원활히 진행되기 위해서 경험이 많은 전문가에게 의뢰하는 것이 좋다. 자칫 법인 전환이 포괄양수도로 인정받지 못하고 일반 사업 양도가 되면 부가가치세가 과세되기 때문이다. 포괄양수도로 인지하고 법인 전환하며 세금계산서를 발급하지 않고 부가가치세도 납부하지 않았는데, 부가가치세가 과세되는 사업 양도였다는 것이 늦게 발견되면 나중에 큰 가산세를 물 수 있다. 따라서 개인사업자와 법인사업자 간의 포괄양수도 계약서를 잘 작성해야 하며, 개인사업자 결산, 고용승계 등 세부적 사항까지 신경 써야 한다.

포괄양수도 과정에서 명의 이전을 해야 하는 번거로움도 발생한다. 사무실 임차계약서 명의 변경, 법인통장 개설, 거래처와 계약서 재작성, 대출 명의 변경, 근로계약서 재작성, 전화, 인터넷 등 각종 서비스 명의자 변경 등 등 해야 할 일이 많다. 개인사업자에게 소속된 직원이 있었다면 법인 전환 시 고용승계가 이루어진다. 이때 근로 관계가 계속 이어지는 것이므로 퇴직금은 지급하지 않는다. 다만 직원이 본인 의사에 따라 사직서를 제출하고 재입사하면 퇴직금 지급이 가능하다.

개인사업자 결산 후 모든 자산, 부채를 법인으로 넘기면서 대표는 순자산가액만큼의 대가를 받는다. 하지만 자산보다 부채가 큰 경우에는 오히려 마이너스가 되기도 한다. 이 경우 대가 정산이 제대로 이루어지지 않으면 법인 장부에 가지급금이 발생할 수도 있다. 따라서 개인사업자 결산을 잘 정리할 필요가 있다.

대략적인 법인 전환 프로세스는 다음과 같다. 대략 2~3개월 정도 걸리므로 투자를 유치하기 전에 여유를 가지고 준비하는 것이 좋다.

절 차	법인 전환 기준일 -1월	법인 전환 기준일 +1월	법인 전환 기준일 +2월
개인기업 순자산가액 추정 (가결산, 자산 평가)			
영업권 감정평가(예상액)			
법인 설립			
법인사업장 사업자등록			
주주총회 결의			
사업양수도 계약			
고용승계 계약 및 시행			
개인기업 확정 결산			
영업권 감정평가			
사업양수도 대가 확정			
개인기업 폐업 신고			
개인기업 부가가치세 확정 신고			
명의이전 등 후속 조치			

표 21. 법인 전환 프로세스

세감면 포괄양수도

부동산을 보유한 개인사업자는 부동산을 법인으로 넘기는 과정에서 양도소득세와 취득세가 발생한다. 이 경우 조세특례제한법에 따른 세감면 포괄양수도 방법을 사용하면 세제 혜택을 받을 수 있다. 양도소득세 이월과세 혜택을 받을 수 있고, 취득세 75% 감면을 받을 수 있다. 양도소득세 이월과세는 개인이 법인 전환 시점에 양도소득세를 내는 것이 아니라 나중에 법인이 자산을 양도할 때 법인세로 낸다.

세제 혜택이 있는 만큼 법인 전환 절차가 까다롭다. 법인의 설립 자본금이 개인사업자의 순자산가액 이상이어야 하며, 법인 설립일부터 3개월 내에 법인 전환을 완료해야 하는 등 법으로 규정된 요건을 잘 지켜야 한다. 만약 개인사업자가 보유한 부동산 가액이 크다면 순자산가액 이상의 자본금을 법인에 출자하기 위해 상당한 자금이 필요하기 때문에 법인 전환의 어려움이 있다.

현물출자

부동산을 보유한 개인사업자가 양도소득세 이월과세와 취득세 감면 혜택을 볼 수 있는 또 다른 방법은 조세특례제한법에 따른 현물출자 방식이다. 이 방법은 개인사업자의 부동산을 법인의 자본금으로 출자하는 것을 말한다. 이 또한 세제 혜택이 있는 만큼 법인 전환 절차가 까다롭다. 현물출자는 상법상 변태 설립에 해당하기에 감정평가, 회계감사를 받아야 하고 법원 심사 등의 여러 절차를 거쳐야 한다.

법인 전환 과정에서 개인사업자의 영업권을 평가하여 법인으로 양도할 수 있다. 영업권이란 사업을 통해 누적된 무형의 가치를 말한다. 브랜드 이미지, 우수한 인적 자원, 유리한 위치, 고객 충성도 등의 종합적 가치를 말한다. 영업권은 감정평가를 통해 금액을 확정한다. 영업권 평가를 위해 3개년 재무제표를 준비해야 하는데, 사업양도를 할 때 개인사업자가 법인으로 영업권도 같이 양도하게 된다. 개인이 영업권 양도로 발생한 소득은 소득세법상 기타소득으로 과세된다. 이때 절세할 수 있다. 수령한 영업권 대가에 대해 세법상 60%를 경비로 인정받기에 40%만 종합과세가 된다. 따라서 대표가 법인에서 급여, 배당을 받는 것보다 비교적 낮은 세율로 법인 자금을 인출할 수 있다는 장점이 있다. 영업권을 양수한 법인은 영업권을 자산으로 계상 후 5년간 감가상각하여 비용으로 처리한다. 따라서 법인세 절감 효과도 발생한다.

만약 개인사업자가 기존에 창업중소기업 세액감면을 받다가 법인으로 전환하면 세액감면의 혜택은 중단된다. 창업중소기업 세액감면은 5년간 혜택을 받을 수 있는데, 예를 들어 5년 중 2년만 감면받고 법인으로 전환하면 남은 3년은 감면 혜택이 없다. 이 경우 세감면 포괄양수도_{조세특례제한법 제32조} 방식으로 법인 전환하면 남은 기간을 법인에서 이어서 감면받을 수 있다. 개인사업자가 보유한 부동산이 없어서 양도소득세, 취득세 혜택을 받지 못하더라도 세액감면의 승계를 위해 세감면 포괄양수도 방식으로 하는 것이 좋다. 또한 개인사업자에서 이월된 세액공제액이 있으면 법인으로 승계하여 공제받을 수 있다. 세법상 공제받지 못한 세액공제는 10년간 이월되기에, 10년이 지나지 않은 개인사업자 세액공제는 법인에서 이어서 공제받는다. 따라서 법인으로 전환할 때는 조세특례제한법 제32조 요건을 갖추어 절세 혜택까지 최대로 받도록 한다.

03 프리 A단계
: 투자자 신뢰를 무너뜨리는 가지급금

☞ "저는 가지급금 있는 스타트업에 절대 투자하지 않습니다."

필자 주변에는 이렇게 말하는 투자자들도 있다. 가지급금이 대체 뭐길래 투자자들이 싫어할까? 스타트업 법인은 가지급금을 잘 관리해야 한다는 말을 많이 들어보았을 것이다. 보통 법인 초기 단계에서 세무 관리가 안 되면 나타나는 가장 흔한 현상이 가지급금이다. 가지급금이란 돈은 나갔는데 적정한 계정으로 처리되지 않은 임시 계정을 말한다. 투자자를 비롯한 외부 이해관계자들의 신뢰를 떨어뜨리는 요인이며, 재무제표에 가지급금이 있으면 세법상 페널티가 많다. 따라서 투자 유치를 준비하는 스타트업의 경우 더욱 신경 써야 한다. 가지급금의 반대 현상은 가수금이 생기는 것이다. 가수금은 가지급금과 다르게 세법상 페널티가 없다. 하지만 가수금도 많으면 좋지 않기에 관리해야 한다.

가지급금은 왜 생기는 것일까? 가지급금이 발생하는 가장 대표적인 경우는 대표가 법인 돈을 세무 절차를 거치지 않고 사용하는 경우다. 개인사업자와 법인사업자의 가장 큰 차이점은 사업의 주체가 다르다는 것이다. 개인사업자가 사업으로 벌어들이는 돈은 개인사업자 대표 돈이다. 따라서 그 돈을 대표가 개인 용도로 마음껏 사용해도 괜찮다. 하지만 법인이 벌어들인 돈은 법인의 돈이다. 아무리 법인 대표라도 법인이 벌어들인 돈을 마음대로 사용해서는 안 된다. 법인 대표는 법인에 소속된 근로자이고 주식을 가지고 있는 주주다. 따라서 법인에서 급여 혹은 배당을 받아 개인에게 귀속시킨 후 사용해야 한다. 만약 법인 대표가 급여 혹은 배당으로 처리하지 않고 법인 돈을 개인 목적으로 사용했다면 가지급금으로 처리된다.

또한 법인카드를 개인적인 목적으로 사용한 경우에도 가지급금으로 처리된다. 대표가 법인카드로 백화점에서 가족 선물을 구입한 후 해당 금액을 법인계좌로 입금하지 않았다면 가지급금이 된다. 만약 가지급금 문제가 심하다면 횡령으로 형사처벌 대상이 될 수도 있다. 따라서 대표가 법인 자금을 임의로 사용하는 것은 주의해야 한다.

가지급금이 발생하는 또 다른 경우는 증빙이 없어 어디에 사용했는지 모르는 지출이다. 법인통장에서 돈이 이체되었는데 어떤 지출인지 모르는 경우도 종종 발생한다. 이 경우 대표 개인이 사용한 것이 아니어도 대표에게 책임을 부과한다. 따라서 비용을 지출한 경우 증빙을 반드시 구비해야 하며, 자금 이체 시 법인통장 적요란에 내역을 잘 기재해야 한다.

그 외에도 사업상 리베이트를 주는 경우가 있다. 이때도 법인 자금을 지출해도 지출 증빙을 구비할 수 없다. 따라서 불법적인 리베이트는 주지 말아야 한다. 그리고 법인 특수관계자에게 자금을 대여한 경우에도 세법상 가지급금으로 처리된다. 하지만 직원의 경조사, 학자금 대여액, 주택자금 대여액의 경우에는 세무상 불이익을 받지 않는다.

가지급금은 세법상 제재 사항이 많다. 세법은 가지급금을 법인이 대표에게 빌려준 돈, 즉 대여금으로 본다. 이런 대여금은 업무와 무관하기에 여러 가지 페널티를 부과한다. 먼저 가지급금의 이자 금액만큼 법인에 이자 수익이 발생했다고 보아 법인세가 늘어난다. 또한 그 이자만큼을 대표의 상여로 보고 개인에게 소득세를 부과한다. 대표 개인 용도로 발생한 가지급금뿐 아니라 귀속이 불분명한 가지급금도 법인 자금 관리에 대한 책임이 대표에게 있다고 보아 대표에게 페널티를 부과한다. 따라서 가지급금이 있으면 법인과 대표 양쪽 모두에게 세금이 부과된다.

　이것으로 끝이 아니다. 만약 법인이 대출이 있어서 지급하는 이자 비용이 있다면 그 일부를 비용으로 인정받지 못할 수 있다. 법인이 사업 목적으로 빌린 돈을 업무와 무관한 목적으로 사용한 것에 대한 페널티다. 따라서 가지급금 부분에 대한 이자 비용이 부인되어 법인세가 더 늘어난다. 또한 가지급금은 대손 처리가 되지 않는다. 법인이 빌려준 돈을 결국 못 받더라도 업무와 무관하게 대여해준 것이기에 대손으로 처리되어 세금을 줄이지 못한다. 만약 가지급금이 있는데 대표가 퇴임했거나 법인이 폐업했다면 소득세 폭탄이 발생한다. 그동안 가지급금에 대한 이자만큼만 소득세를 내면 됐다면, 세법상 특수관계 소멸 시에는 가지급금 전체에 대해 소득세가 부과된다. 그동안 누적된 가지급금이 크다면 세금도 그만큼 많이 나온다.

　세무적 페널티도 있지만, 가지급금은 기업의 신뢰도에 큰 영향을 미친다. 누가 가지급금이 많이 있는 회사에 돈을 빌려주거나 투자를 하고 싶겠는가? 따라서 기업 평가를 받거나 대출 계획이 있거나 투자를 준비 중이라면 반드시 사전에 가지급금을 관리해야 한다. 따라서 가지급금을 만들지 않는 것이 가장 좋다.

　가지급금을 만들지 않기 위해서는 대표가 자금 관리에 신경을 많이 써야 한다. 우선 대표는 법인 돈을 마음대로 인출하여 사용해서는 안 되고, 반드시 급여나 배당으로 신고한 후 사용해야 한다. 또한 법인에서 비용을 지출할 때 증빙을 구비하고 법인통장 적요에 내역을 기재한다. 특수관계자에게 자금을 대여하면 금전대차계약서를 작성하고 적정 이자를 받아야 한다. 현행 세법상 적정 이자율은 4.6%다. 금전대차계약서에 적정 이자와 회수 기한에 대한 사항을 기재하여 관리하도록 한다. 또한 수취한 이자는 이자소득세를 원천징수하여 신고해야 한다.

　만약 장부상 이미 가지급금 발생했다면 전문가와 상담을 받고 해결해야 한다. 사실 가지급금을 해결할 왕도는 없다. 괜히 무리하게 가지급금을 해결하려다 더 큰 문제가 발생할 수 있다. 가장 쉬운 방법은 대표가 개인 돈을 법인통장으로 입금하는 것이다. 가지급금은 법인이 대표에게 빌려준 돈으로 보기에, 대표 개인 돈을 법인통장에 입금하면 가지급금은 사라진다. 하지만 대표가 보유하고 있는 현금이 없다면 쉽지 않은 일이다.

다음 방법은 대표가 법인에서 급여, 배당을 받아 소득세를 납부하고 가지급금을 없애는 것이다. 가지급금이 크다면 개인 소득세가 많이 나올 것이다. 따라서 소득세를 줄이기 위해서는 몇 년에 걸쳐 급여와 배당으로 처리해야 한다.

또 다른 방법은 대표 개인의 지적재산권을 활용하는 방법이다. 만약 대표가 개인 명의로 특허권, 상표권, 디자인권과 같은 지적재산권을 보유하고 있다면 그 가치를 평가하여 법인에 양도할 수 있다. 이때 대표가 수령하는 지적재산권의 대가는 기타소득으로 분류되고, 60%의 경비를 인정받아 상대적으로 낮은 소득세율을 부담하고 가지급금을 없앨 수 있다. 하지만 대표 개인이 보유한 지적재산권이 정말 개인 소유가 맞는지, 실질적으로는 법인 소유가 아닌지 다툼이 발생할 수 있어 주의가 필요하다.

가수금은 왜 생길까? 가수금은 가지급금의 반대로, 법인에 돈이 입금된 경우 사용하는 임시 계정이다. 보통 대표가 법인통장으로 자금을 입금하거나 법인통장에 입금된 자금의 출처가 불분명한 경우에 사용된다. 법인 설립 시 자본금을 출자하여 사업 운영 자금으로 사용하는데, 사업을 하다 보면 자본금만으로 부족할 때가 있다. 이때 법인이 증자하거나 대출을 받기도 한다. 증자의 경우 상법상 절차를 거쳐야 하기에 번거롭고, 금융기관 대출의 경우 법인 실적이 없으면 어려운 경우도 많다. 따라서 간편하게 대표 개인 돈을 법인통장에 입금하여 법인의 사업 자금으로 사용하는 경우가 많다. 이렇게 법인통장에 입금된 가수금은 법인이 대표에게 빌린 돈, 즉 차입금으로 본다.

실무적으로 가수금에 대해서는 이자를 주지 않는 것이 보통이다. 가지급금과 반대로 세법상 가수금 이자에 대한 페널티는 없다. 가수금에 대한 이자는 오히려 법인세를 줄이는 효과가 발생하기 때문이다. 또한 대표가 적정 이자를 받아도 되겠지만, 법인 자금이 부족해서 가수금이 발생했기에 법인이 적정 이자를 줄 여유가 없는 경우가 대부분이다. 다만 가수금이 상당히 크고 이에 따라 다른 주주가 반사이익을 보았다면 주주 간 증여세 문제가 발생할 수 있다. 하지만 이는 매우 드물다.

이렇듯 가수금으로 인한 세법상 페널티는 없지만 가수금 관리도 필요하다. 가수금으로 인해 부채비율이 증가하기 때문이다. 부채비율은 부채를 자본으로 나눈 비율인데, 회사의 재무 안정성을 나타낸다. 만약 부채비율이 높다면 부실한 기업으로 평가를 받아 신용도가 하락할 수 있다. 이에 따라 대출이나 정부지원사업 등에 악영향을 미칠 수도 있다. 또한 가수금이 많다면 매출 누락으로 의심받을 수도 있다. 매출이 발생하면 세금을 내는데, 매출에 대한 대금을 세금 신고 없이 개인통장으로 받은 후 다시 법인통장으로 입금한 게 아닌지 과세관청이 의심할 수 있다.

스타트업의 경우 매출이 발생하기까지 초기 손실이 많아 불가피하게 가수금이 발생하는 경우가 많다. 가수금으로 법인 운영을 하다 매출이 발생하면 대표가 입금한 돈을 그대로 가져가면 된다. 이 돈은 법인 입장에서 차입금의 반환이기에 대표가 급여나 배당 신고를 하지 않아도 되는 것이다. 만약 가수금이 많아서 부채비율이 걱정이라면 가수금을 재원으로 증자할 수도 있다. 증자는 실제 자금이 투입되어야 하는 것이지만, 장부상 가수금이 있다면 부채를 자본으로 출자 전환할 수 있다.

04 시리즈 A단계
: 내부 회계팀은 언제 꾸리는 게 좋을까?

☞ "세무 리스크는 사건이 아니라, 시스템 부재의 결과다."

스타트업이 시리즈 A 투자를 받으면 처음으로 큰돈이 입금된다. 그동안 자금이 부족해 늘 노심초사하던 대표는 한숨 돌릴 것이다. 이제는 본격적으로 사업을 키우기 위해 추가 채용도 하고 마케팅 예산도 늘릴 텐데, 이때 주의할 부분이 내부 자금 관리다. 투자받은 돈은 생각보다 금방 소진된다. 따라서 현금흐름 관리, 내부 비용 모니터링을 통한 자금 관리가 필수적이다. 스타트업 초기 단계에는 대표가 혼자 모든 일을 처리했지만, 투자를 받고서도 혼자서 모든 일을 처리하는 것은 비효율적이다. 따라서 회계, 자금 관리는 회계 담당자에 맡길 필요가 있다. 그렇다고 회계팀 인원을 많이 채용하면 인건비 부담이 상당히 클 것이다. 그렇다면 언제부터 내부 회계팀을 구성하는 게 좋을지, 그리고 어떻게 구축하는 게 좋을지 알아보자.

회사에 가장 많은 애정을 가지고 꼼꼼히 관리하는 사람은 아마 대표일 것이다. 회사 비품이나 비용을 마음대로 쓰는 직원을 보면 탐탁지 않을 수도 있다. 그렇다고 대표가 모든 비용을 집행하고 모니터링하는 것은 비효율적이다. 투자받은 돈으로 개발자나 마케터를 더 채용하고 싶겠지만, 책임감 있는 회계 직원도 채용해야 한다. 내부 회계 직원으로 인해 대표는 업무의 효율성이 높아질 것이다. 회사 자금 관리는 매우 중요하지만 단순 업무도 많이 포함되어 있다. 그동안 대표 혼자 통장 관리도 하고 거래 증빙도 관리했지만 차츰 업무를 위임할 필요가 있다. 대표는 책임감 있는 직원을 채용하여 잘 관리하고 업무 상황을 보고받으면 된다. 이를 통해 절약한 시간으로 더 중요한 업무에 시간을 할애할 수 있다.

내부 회계팀을 구성하면 비용 관리, 통제 시스템을 구축할 수 있다. 조직이 커지면 더 이상 주먹구구식으로 비용을 집행해서는 안 된다. 현금흐름을 예측하고 부문별 예산을 세워 거기에 맞게 비용을 집행해야 한다. 또한 투자자들도 투자금 사용에 대해 주기적으로 모니터링을 실시할 것이다. 투자자와 지속적인 신뢰 관계 구축을 위해 비용을 철저히 통제하고 보고서를 제출해야 한다. 이를 위해 내부 회계팀이 꼼꼼하게 업무를 처리할 필요가 있다.

투자받은 금액에 따라 다르지만, 대개는 투자금이 입금된 후 2년 내로 소진될 것이다. 따라서 후속 투자 유치도 차츰 준비해야 한다. 가시적 성과를 만들어내기 위해 성과 관리도 필요하다. 성과 지표를 만들어 모니터링하고 평가 및 보상을 통해 동기부여하는 것도 필요하다. 조직이 커질수록 성과 관리를 위한 정확한 수치를 만드는 것은 내부 회계팀이 있어야 가능하다.

투자받은 이후에 자금 관리를 위해 예상 현금흐름 관리가 필요하므로, 내부 회계팀을 통해 비용 지출의 규정을 세우고 자금 관리의 체계를 잡아야 한다. 미래 현금 유입과 현금 유출을 예상하고 거기에 맞게 항목별 예산을 잡아야 한다. 좀 더 구체적인 방법에 대해서는 5장에서 다룰 것이다. 일반적으로 비용 지출이 큰 대표적인 항목은 인건비, 복리후생비, 마케팅비, 재료비, 외주비, 수수료, 소모품비 등이 있다.

이 중에서 가장 큰 비중을 차지하는 것이 인건비다. 따라서 몇 명이나 채용할지, 연봉 수준을 어떻게 할지 계획을 세워야 한다. 채용 시장에서 낮은 연봉을 제안하면 경쟁력이 떨어지기에 우수한 인재를 채용할 수 없다. 따라서 스톡옵션과 같은 보상 방법을 생각해보는 것도 좋다. 내부 직원들을 어떻게 동기부여할지도 고민이 필요하다. 금전적 보상이 최상의 동기부여 방법일 수 있겠지만, 복지 규정 강화, 자기계발 기회 제공, 비전 제시 등의 방법도 있다.

직원이 많으면 복리후생비도 만만치 않다. 다른 스타트업이 하는 복지 규정이 좋아 보인다고 모두 따라 하면 조직이 커지면서 기하급수적으로 비용이 늘어날 것이다. 따라서 복지에도 기준과 철학이 있어야 한다. 남들이 하니까 무조건 따라 하지 말고 이 복지는 왜 하고 하지 않는지 합당한 논리가 필요한 것이다. 복지 규정은 한번 도입하면 없애기 어렵다. 따라서 회사 상황에 맞게 차츰 늘려가는 것이 좋다.

비품 구입과 같은 소모품비 사용에도 기준이 필요하다. 노트북은 어느 선까지, 간식도 월 얼마까지, 문구류도 어느 선까지 지원할지에 대한 기준이 있어야 한다. 어쩌면 치사해 보일지 모르지만, 합리적 기준을 설정한 후 집행하는 것이 장기적 관점에서도 좋다. 직원들의 생각과 가치관은 모두 다르기에 회사가 생각하는 기준을 명확히 해주는 것이 직원들이 느끼는 불만을 최소화하는 방법이다.

마케팅비, 재료비, 외주비, 수수료와 같이 비교적 큰 금액을 지출하는 경우에는 반드시 품의서를 작성해야 한다. 사소한 금액의 지출까지 품의서를 작성하는 것은 업무에 비효율을 초래할 수 있으나, 비교적 큰 금액은 책임 소재를 명확히 하고 예산대로 비용이 집행되도록 통제하는 수단이 된다. 단순한 페이퍼워크가 되지 않도록 금액적 기준을 합리적으로 정한 뒤 철저히 관리해야 한다. 이런 비용 집행에 대한 증빙은 추후 외부 감사나 재무 실사의 근거가 되기도 한다.

구분	세금계산서 증빙 관리	자금 관리	급여	장부 작성	세무 신고	의사 결정
초기	대표	대표	외부 세무 대리인	외부 세무 대리인	외부 세무 대리인	대표
프리 A	외부 경리 담당자	외부 경리 담당자	외부 세무 대리인	외부 세무 대리인	외부 세무 대리인	대표
시리즈 A	내부 회계 담당자	내부 회계 담당자	외부 세무 대리인	외부 세무 대리인	외부 세무 대리인	대표
시리즈 B	내부 회계팀	내부 회계팀	내부 회계팀	내부 회계팀	외부 세무 대리인	대표
시리즈 C	내부 회계팀	내부 회계팀	내부 회계팀	내부 회계팀	내부 회계팀 /외부 세무 대리인	대표 /CFO

표 22. 투자 단계별 회계팀 구성 방법

투자 단계가 진행될수록 회사 규모는 커진다. 따라서 투자 단계별로 회계팀 구성 방법이 달라진다. 회계팀을 언제, 어떻게 구성하느냐에 대한 정답은 없다. 하지만 회사 규모에 따른 회계팀 구성 방법을 소개하겠다.

우선 회계팀 업무를 6가지 업무로 구분할 수 있다. 업무별로 어느 부분을 내부화할 것인지, 외부 전문가에게 의뢰할 것인지 결정해야 한다.

-세금계산서, 증빙 관리 : 세금계산서 발급, 거래 증빙 취합, 보관
-자금 관리: 자금 이체, 통장관리, 미수금, 미지급금 관리, 현금흐름 예측
-급여: 급여 계산, 4대 보험 계산
-장부 작성: 재무제표 작성
-세무 신고: 원천세, 부가가치세, 법인세 등 세무 신고 업무
-의사결정: 회계상 중요한 의사결정

스타트업 초기에는 늘 자금이 없기에 회계 직원을 두기 힘들어 대표가 되도

록 모든 업무를 처리한다. 자금 이체, 통장관리, 세금계산서 발급 등등 할 일이 많을 텐데, 장부 작성과 세무 신고는 외부 세무 대리인에게 의뢰해야 한다.

그러다 시드 투자를 받으면 조금의 자금 여유가 생긴다. 자금의 여유가 생겼다고 해도 회계 직원을 채용하기에는 인건비 부담이 크다. 이때도 대표 혼자 회계 업무를 하는 스타트업이 많다. 직원을 채용하긴 부담스럽지만 회계 업무 일부를 아웃소싱하는 것도 방법이다. 경리 아웃소싱 전문업체마다 서비스 범위가 다를 수 있지만, 보통 세금계산서, 증빙 관리, 자금 관리까지 해준다. 이런 일만 외부 담당자가 꼼꼼히 처리해준다면 대표가 할 일이 많이 줄어든다. 하지만 내부 직원과 외부 담당자의 업무 처리에는 분명 차이가 있다. 돈을 주고 외부 담당자에게 일을 시키면서 자칫 관리하는 데 시간이 더 들 수도 있는 것이다.

시리즈 A 투자를 받고 좀 더 자금의 여유가 생기면 내부 회계 직원 1명을 채용할 수 있을 것이다. 책임감 있고 경험이 많은 회계 직원을 잘 구한다면 대표의 회계 업무가 많이 줄어든다. 이왕이면 경험이 없는 신입보다 경력자를 뽑는 것이 좋다. 신입을 뽑아 일을 가르쳐도 되겠지만 시간이 많이 들 것이다. 물론 경력자를 채용하면 인건비 부담이 클 수도 있지만, 돈을 관리하는 역할이기에 역량과 경험이 중요하다. 이 단계 역시 내부 회계 직원을 채용해도 장부 작성과 세무 신고는 외부 전문가에게 의뢰하는 것이 좋다.

시리즈 B 투자를 받으면 조직 규모도 커지고 자금 관리의 규모도 커진다. 이때는 회계 담당자 1명으로는 부족할 것이다. 체계적인 내부 회계 관리를 위해 회계팀을 구성할 시기다. 회계팀 인원은 회사의 업무량과 부담할 수 있는 인건비 예산을 고려하여 충원하는 것이 좋다. 이렇게 회계팀원이 늘어나면 팀원별로 업무도 나뉜다. 회계팀 역량이 커지면서 장부작성 업무를 내부화할 수 있고, 이를 통해 내부 기준에 맞는 회계 처리가 가능해지고 좀 더 빨리 보고받을 수 있다. 하지만 세무 신고는 외부 전문가에게 의뢰하는 것이 좋다. 회계팀이 세무 신고의 역량까지 갖추기는 쉽지 않기 때문이다. 그리고 장부 작성을 내부화하더라도 외부 전문가에게 정기적으로 자문받을 필요가 있다. 자문을 통해 평소 세무 리스크가 발생하지 않도록 관리해야 한다.

시리즈 C 투자를 받고 조직이 더 커지면 회계팀도 더욱 커진다. 우수한 인력이 추가로 유입되고 내부 역량이 더욱 커지면 원천세, 부가가치세 세무 신고까지 내부적으로 처리할 수 있다. 하지만 여전히 법인세 신고는 외부 전문가에게 의뢰해야 한다. 매출이 일정 기준을 초과하면 의무적으로 외부 전문가에게 의뢰해야 하는 외부조정 대상자가 되기 때문이다.

외부조정 대상 법인

1. 직전 사업연도의 수입금액이 70억 원 이상인 법인 및 「주식회사의 외부 감사에 관한 법률」에 따라 외부의 감사인에 의한 회계감사를 받아야 하는 법인
2. 직전 사업연도의 수입금액이 3억 원 이상인 법인으로서 비영리법인 고유목적사업준비금, 보험업내국법인 책임준비금, 합병법인 결손금 승계 또는 조세특례제한법에 따른 조세특례를 적용받는 법인
3. 직전 사업연도의 수입금액이 3억 원 이상인 법인으로서 해당 사업연도 종료일 현재 법인세법 및 조세특례제한법에 따른 준비금 잔액이 3억 원 이상인 법인
4. 해당 사업연도 종료일부터 2년 이내에 설립된 법인으로서 해당 사업연도 수입금액이 3억 원 이상인 법인
5. 직전 사업연도의 법인세 과세표준과 세액을 추계결정 또는 추계경정 받은 법인
6. 해당 사업연도 종료일부터 소급하여 3년 이내에 합병 또는 분할한 합병법인, 분할법인, 분할신설법인 및 분할합병의 상대방 법인
7. 국외에 사업장을 가지고 있거나 10% 이상 출자한 외국 자회사를 가지고 있는 법인

또한 이 시기는 M&A나 IPO를 차츰 준비하는 시기이기에 CFO 채용해야 한다. 스타트업에 따라 외부 전문가의 자문을 지속적으로 구하며 M&A나 IPO를 준비하기도 하지만, 이미 M&A나 IPO 경험이 있는 내부 CFO가 있으면 큰 힘이 될 것이다.

05 시리즈 B단계
: 외부 감사와 재무 실사, 어떻게 준비해야 할까?

☞ "세무사님, 투자자들이 회계감사를 받으라고 하는데 괜찮을까요? 걱정되네요."

스타트업 규모가 커지면 자연스럽게 외부 감사 대상이 되어 회계감사를 받고, 투자 유치도 하며 임의 감사나 재무 실사도 여러 번 받을 것이다. 회계감사와 재무 실사 모두 외부 이해관계자들에게 중요한 정보를 제공하는 자료가 된다. 경우에 따라 투자 유치나 IPO에 큰 영향을 미치기도 한다. 그동안 관리를 잘했다면 굳이 걱정하지 않아도 되지만, 관리를 소홀히 했다면 다양한 문제가 드러날 수 있다. 따라서 시리즈 B단계에서는 안정적으로 스케일업하기 위해 외부 감사와 재무 실사를 미리 준비해야 한다.

회계감사는 「주식회사 등의 외부 감사에 관한 법률」에 따라 재무제표가 회계 기준에 따라 적정하게 작성되었는지 감사하는 행위를 말한다. 상장법인과 비상장법인 중 일정 규모 이상인 법인은 의무적으로 공인회계사에게 외부 감사를 받아야 한다. 비교적 규모가 큰 회사의 재무제표를 감사받게 하여 재무제표의 신뢰성을 높이며, 주주, 투자자 등 회사의 많은 이해관계자를 보호하는 기능을 한다.

상장법인은 무조건 외부 감사를 받는다. 비상장 주식회사의 경우 직전 연도 기준으로 자산 120억 원 이상, 부채 70억 원 이상, 매출액 100억 원 이상, 종업원 100명 이상이라는 4가지 요건 중 2가지 이상에 해당되면 외부 감사 대상이 된다.

일반 비상장법인 외부 감사 대상 기준

아래 기준 중 1가지 이상 충족 시 대상

1. 직전 사업연도 말 자산총액 500억 원 이상
2. 직전 사업연도 말 매출액 500억 원 이상
3. 직전 사업연도 말 아래 요건 중 2가지 이상 해당
 - 자산 120억 원 이상
 - 부채 70억 원 이상
 - 매출액 100억 원 이상
 - 종업원수 100명 이상

외부 감사 대상이 되면 사업연도 개시 후 45일 이내에 회계 법인을 감사인으로 선임해야 한다. 다만 처음 감사를 받는 회사는 사업연도 개시 후 4개월 이내 선임하면 된다. 감사인은 독립성 준수 의무에 따라 감사 대상인 회사의 재무제표 대리 작성 업무를 할 수 없다. 따라서 회사는 기존 기장 업무를 하고 있는 대리인과 별도의 감사인을 선임해야 한다.

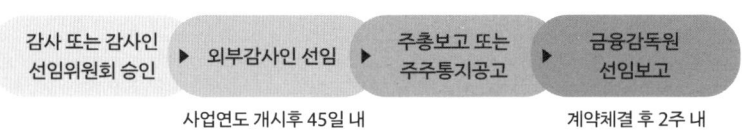

그림 13. 외부 감사인 선임 절차(출처: 금융감독원)

선임된 감사인은 재무제표와 거래 내역, 재고 내역, 각종 증빙 서류 등을 검토한다. 감사인은 회계감사 후 적정, 한정, 부적정, 의견거절의 4가지 의

견 중 하나를 표명한다. 적정은 회계 기준에 맞게끔 적정하게 재무제표가 작성되었다는 의견이며, 한정은 회계 기준 위반 사항은 있었지만 경미하여 재무제표에 큰 영향을 줄 수준은 아니라는 의견이다. 부적정은 회계 기준 위반 사항이 중대하여 재무제표의 왜곡이 크다는 의견이며, 의견거절은 감사인이 감사를 진행하는데 독립성을 유지할 수 없거나, 충분한 자료가 없어 의견을 낼 수 없다는 뜻이다. 감사인은 감사보고서를 작성하여 정기총회 1주 전까지 회사, 증권선물위원회, 공인회계사회에 제출한다.

이렇게 의무적으로 받아야 하는 법정감사 외에도 회사의 선택에 의해 자유롭게 임의 감사를 받을 수 있다. 스타트업의 경우 투자자의 요청에 의해 임의 감사를 받기도 한다.

스타트업이 투자를 유치하는 과정에서 재무 실사도 받는다. 재무 실사는 회사의 재무 정보를 외부 전문가에게 확인, 평가받는 절차를 말한다. 회계감사와 재무 실사의 차이는 무엇일까? 회계감사와 재무 실사 둘 다 재무제표의 적정성, 신뢰성을 검토하는 것은 같지만, 그 목적 면에서 차이가 있다. 회계감사는 재무제표가 회계 기준에 맞게 작성되었는지 검토하여 의견을 내는 것을 목적으로 한다. 따라서 사업의 성장성이나 안정성 등이 좋은지에는 관심을 두지 않는다. 하지만 재무 실사는 투자, 인수 목적에 따라 재무제표를 다양하게 검토한다. 따라서 재무제표를 바탕으로 재무 상태, 경영 성과, 사업 모델 등을 분석한다. 또한 필요에 따라 재무 조정을 통해 재무 정보를 변환하기도 한다. 외부 감사는 법에서 규정한 절차를 지켜야 하지만, 재무 실사는 법 규정의 적용을 받지 않기에 당사자 간의 협의에 의해 시기, 절차, 범위를 결정하면 된다.

이런 재무 실사는 투자 유치 단계에서 투자자의 요청에 의해 진행되는 경우가 많다. 또한 재무 실사 외에 법률 실사, 세무 실사, HR 실사를 병행하기도 한다. 세무 실사는 세법 준수 여부, 세무 리스크 여부 등을 검토하는 것이며, 법률 실사는 각종 법률 관계상 이슈를 분석하는 것이다. 직원수가 많거나 인사관리가 중요한 회사의 경우 인사 정책, 노사관계상 이슈에 대한 HR 실사만 따로 진행하기도 한다.

이렇게 감사를 받아 작성된 감사보고서는 전자공시시스템인 다트에 공시된다. 공시된 재무제표는 누구나 조회 가능하다. 만약 감사인이 부적정이나 의견거절을 언급했다면 회사 신뢰도에 치명적 타격을 입을 수 있다. 따라서 재무제표를 회계 기준에 맞게 작성하는 것이 매우 중요하다.

재무 실사의 결과는 기업가치평가에 반영되기에 매우 중요하다. 투자자는 실사 결과를 바탕으로 투자액을 산정한다. 실사 결과 재무제표의 신뢰성에 문제가 있거나 사업성이 부족하다고 판단되면, 투자 유치에 실패할 수도 있다.

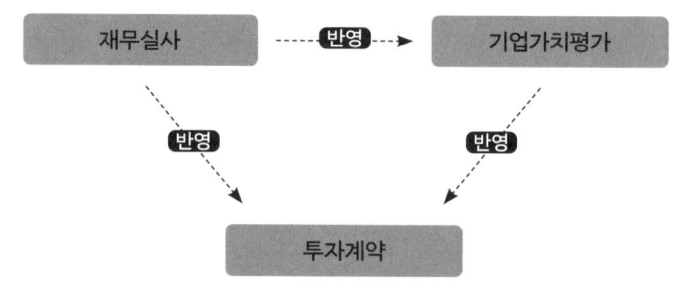

그림 14. 재무 실사와 투자 계약의 관계

재무제표의 부실 작성은 내부 회계담당자나 외부 기장대리인만의 책임이 아니다. 결국 대표가 최종적으로 책임져야 한다. 재무제표의 신뢰성은 대표가 얼마나 관심을 가지냐에 따라 달라질 수 있다. 평소 내부 통제 시스템을 마련하여 주기적으로 거래의 적정성을 검토해야 한다. 또한 회계 담당자 혹은 외부 세무 대리인과 재무제표 현황을 주기적으로 검토하고 문제가 발견되면 신속히 대응하여 문제를 해결해야 한다.

그렇다면 재무제표의 신뢰성을 높이기 위해 주의해야 할 감사 지적 사항 5가지를 알아보자. 이 사항들은 감사에서 빈번히 지적되는 사항이기에 더욱 주의가 요구된다.

수익, 비용 기간 귀속 오류

수익과 비용의 기간 귀속을 잘못 인식하면 재무제표에 왜곡이 발생한다. 내년에 인식할 수익을 미리 인식하거나, 올해 인식할 비용을 내년으로 이연시키면 실제보다 경영 성과를 좋게 만들 수도 있다. 회사가 거래처와 계약에 따라 세금계산서를 발행했더라도 회계상 수익 인식 기준과 다를 수 있다. 예를 들어, 제품을 공급하기 전에 대금을 미리 받고 세금계산서를 발급하는 것은 세법상 인정되는 방법이다. 하지만 아직 제품이 인도되기 전이니 회계상 매출로 인식해서는 안 된다. 따라서 수익과 비용을 오류 없이 회계기준에 맞게 인식하는 것이 필요하다.

매출 과대계상

실적 개선을 위해 실제보다 매출을 부풀려서 장부에 계상하면 재무제표에 왜곡이 발생한다. 실제보다 경영 성과가 좋게 나타나 이해관계자들에게 부정확한 정보를 제공한다. 따라서 대가의 회수 가능성이 높지 않다면 매출로 인식해서는 안 된다.

무형자산 과대계상

개발비의 경우 연구 단계와 개발이 완료된 이후의 지출을 구분하여 비용과 자산으로 각각 계상하게 된다. 회계상 무형자산 인식 요건을 충족하기 전에는 모두 비용으로 처리해야 한다. 만약 비용으로 처리해야 할 지출을 무형자산으로 계상하면 회계상 이익이 과대계상된다. 따라서 무형자산 인식 기준에 맞게 자산과 비용을 구분하는 것이 필요하다.

감가상각비 과소계상

감가상각비가 과소계상되면 회계상 이익이 과대계상되어 실제보다 회사 경영 성과가 좋아 보인다. 회사가 합리적 이유 없이 감가상각 방법이나 내용 연수를 기존과 다르게 적용하면 감가상각비가 과소계상될 수 있다. 또한 회사가 감사 대상이 되기 전에는 감가상각비를 선택적으로 계상하지 않기도 한다. 세법상 감가상각비는 결산 조정 사항으로 선택적으로 결산 시 계상할 수 있기 때문이다. 따라서 회계상 손실인 경우 감가상각비를 계상하면 손실이 더 커지기에 감가상각을 하지 않는 경우가 많다. 회사 규모가 커져 감사 대상이 되면 기존 인식하지 않았던 감가상각비를 모두 반영할 필요가 있다.

재고자산 과대계상

재고자산을 과대계상했다는 것은 매출원가 등 비용을 과소계상했다는 것이다. 그러면 회계상 이익이 과대계상되어 실제보다 회사 경영 성과가 좋게 보인다. 실제로는 재고가 출고되었음에도 매출원가로 대체하지 않거나, 재고자산이 손상, 멸실되었는데 비용 처리를 하지 않은 경우에 발생한다. 따라서 꼼꼼한 재고 관리를 통해 재고자산을 정확히 파악해야 한다.

06 시리즈 C단계
: 잘나가던 기업, 세무조사 한 번에 무너진다

☞ "세무사님, 세무조사 나온다고 통지를 받았어요. 해외로 피해 있어야 하나요?"

규모가 커진 스타트업에 한 번씩 세무조사가 나오기도 한다. 시리즈 C 정도로 투자 유치를 했다면 회사 규모도 꽤 커졌다는 뜻이다. 그러면 세무조사에 대한 대비도 미리 해야 한다. 해외로 잠시 피한다고 해결될 문제가 아니다.

세무조사는 그동안 세금을 적법하게 신고, 납부했는지 과세관청이 검증하는 것이다. 세무조사로 잠재된 세무 리스크가 세금폭탄으로 돌아올 수 있다. 몇 년치 세금이 한꺼번에 추징되면 잘나가던 사업도 한순간에 어려워질 수 있다. 세금폭탄으로 금전적 어려움이 발생하기도 하지만, 회사와 브랜드 이미지도 한순간에 실추될 수 있다. 세무조사에 대한 기사까지 나간다면 더욱 큰 타격을 받을 것이다. 이렇게 실추된 이미지를 다시 회복하는 데는 상당히 많은 노력과 시간이 걸린다. 따라서 세무조사를 이해하고 어떻게 대비할 수 있는지 알아보는 것이 필요하다.

세무조사는 크게 일반세무조사와 조세범칙 조사로 나눌 수 있다. 일반세무조사는 세금 신고의 적정성을 조사하는 것이고 조세범칙 조사는 조세범칙 행위를 조사하는 것이다. 일반세무조사는 조사 방법에 따라 추적 조사, 기획 조사, 실지 조사, 통합 조사, 세목별 조사, 주식 변동 조사, 자료상 조사 등으로 나눌 수 있다. 추적 조사는 거래 단계별로 추적하여 사실관계를 확인하는 것이고, 기획 조사는 특정 목적에 대해 별도로 실시하는 것이다. 실지 조사는 현장에 출장하여 직접 실사하는 것이다. 통합 조사는 여러 세목을 함께 조사하는 것이고, 세목별 조사는 특정 세목만 대상으로 하는 것이다. 주식 변동 조사는 주식 변동 과정에서 탈세가 있는지 조사하는 것이고, 자료상 조사는 실제 거래가 없었는데 세금계산서를 발급했는지 여부 등에 대한 조사다.

세무조사 대상자 선정은 정기 선정과 비정기 선정으로 나뉜다. 정기 선정은 기존 신고 내역, 외부 감사 의견을 바탕으로 성실도를 분석한 후 불성실 혐의가 있다고 판단되는 경우, 과거 일정 기간 동안 세무조사를 받지 않은 경우에 선정된다. 법인세 사무 처리 규정에 따르면 매출 2천억 원이 넘으면 5년 주기로 순환 조사를 원칙으로 한다. 매출이 그 미만이라도 성실도에 따라 혐의 없이 무작위 추출 방식으로 세무 조상 대상이 될 수 있다. 비정기 선정은 주로 탈세 혐의가 있는 경우에 진행된다. 탈세 제보가 있었다든가, 과세 자료 분석으로 탈세 혐의가 있다든가, 세무 공무원에게 금품을 제공한 경우에 선정된다.

세무조사의 대략적인 진행 과정은 <표 23>과 같다. 통상적으로 세무조사 기간은 20일 이내다.

세무조사가 나오기 전에 사전 통지서를 수령하면 그때부터 세무조사를 준비해야 한다. 통상적으로 세무조사 전반적인 과정에서 세무 대리인을 선임하여 진행한다. 세무조사는 사업장 소재지에서 실시되지만, 부득이한 사유가 있으면 변경도 가능하다. 세무조사가 시작되면 조사관으로부터 계정별 원장, 각종 증빙, 각종 계약서, 법인통장 내역 등의 자료 제출을 요청받는다. 또한 조사관의 질문에 대한 질의응답의 시간을 가지고 의견을 진술한

구분	내용
세무조사 시작 전	• 조사 개시 15일 전까지 '세무조사 사전 통지' 수령 • 세무조사 시작 전에 '세무조사 오리엔테이션' 실시 • 조사 연기나 조사 장소 변경, 세무조사 유예 신청 가능
세무조사 시작, 진행	• 조사 공무원의 신분 확인 후 납세자권리헌장에 대해 설명을 듣고 청렴서약서 작성 • 세무 대리인의 도움을 받을 수 있음 • 세무조사는 필요 최소한의 범위에서 실시 • 위법·부당한 세무조사 등으로 권리를 침해당한 경우 조사관서의 납세자보호담당관에게 권리보호 요청 가능 • 과장 면담 제도와 납세자 소명서 제출을 통해 의문·애로 사항을 해소
세무조사 종료	• 조사 종료 시 20일 이내에 '세무조사 결과 통지' 교부 • 납부할 세금과 절차 안내 • 일시적 자금 압박을 겪고 있다면 징수 유예 신청 가능
권리 구제 및 평가	• 조사 결과에 대하여 이의 제기 가능 • 고객 평가 체크리스트를 제출하여 조사 공무원의 절차 준수 여부 등 평가

표 23. 세무조사 진행 과정 요약(출처: 국세청)

다. 세무조사가 종료되면 20일 내로 조사 결과가 통지된다. 조사 결과에 이의가 있는 경우 과세전적부심사를 청구할 수 있다. 또한 납세고지서를 받고 자금 압박이 있다면 9개월 이내의 범위에서 징수 유예를 신청할 수 있다.

세무조사에서 주로 적발되는 사항을 알아보자. 평소에 관리해서 세무 리스크가 발생하지 않도록 주의할 필요가 있다.

업무 목적 외 사용분 비용 처리

미용실, 피부과, 해외여행, 학원비 등 업무와 관련 없는 경비를 비용 처리하면 세법상 비용으로 인정되지 않으며 해당 금액은 대표에게 상여 처분이 된다.

상품권 매입 후 업무 목적 이외로 사용

상품권을 구입한 후 개인 목적으로 사용한 경우 역시 세법상 비용 부인되며 대표에게 상여 처분이 된다. 상품권을 업무 목적으로 사용했다면 사용 내역을 기재해놔야 한다. 그래야 세무조사 시 상품권의 업무 관련성을 소명할 수 있다.

가공 인건비 계상
실제 근무하지 않는 대표, 주주 등 가족의 인건비 처리는 세법상 비용 부인되며 대표에게 상여 처분이 된다. 따라서 실제 근무하지 않는 사람의 인건비를 계상해서는 안 된다.

가공세금계산서 수취
실제 거래 없이 자료상, 폐업자 등으로부터 세금계산서를 수취하여 비용 처리하면 세법상 비용 부인되며 대표에게 상여 처분이 된다.

중복지원 배제 대상 공제, 감면 적용
세액공제, 세액감면 항목 중 중복으로 지원받을 수 없는 항목을 중복으로 신청하여 혜택을 받은 경우에 세금이 추징된다. 예를 들어, 통합투자 세액공제와 중소기업특별세액감면은 중복 적용이 되지 않는다.

중소기업특별세액감면 적용 오류
중소기업 요건을 미충족했는데 세액감면을 적용했거나, 감면 업종이 아닌데 세액감면을 적용했거나, 감면 대상 소득이 아닌 이자 수익, 유형자산 처분이익을 포함한 경우 세금이 추징된다.

창업중소기업 세액감면 적용 오류
창업에 해당하지 않거나 감면 대상 업종을 착오했거나 대표 변경이 있는 경우에도 계속 세액감면을 적용했다면 세금이 추징된다.

연구인력개발비 적용 오류

연구소 인정이 취소되었는데 세액공제를 적용했거나, 다른 업무를 겸직하는 연구원의 인건비에 세액공제를 적용했거나, 10% 초과 지분을 보유한 임원의 인건비에 세액공제를 적용했다면 세금이 추징된다.

고용 감소 법인의 세액공제 적용 오류

고용 인원을 잘못 계산했거나 고용증대세액공제 적용 후 고용이 감소했는데도 감면분 추가 납부를 미적용했다면 세금이 추징된다.

가지급금 손금부인 오류

특수관계자 가지급금에 대한 인정이자 및 소득처분을 하지 않았거나, 특수관계가 소멸되는 날에 인정이자 및 소득처분을 하지 않았거나, 가지급금 이자 발생 후 1년 내 회수하지 않은 경우에도 세금이 추징된다. 재무상태표상 선급금, 기타 채권 등 다른 계정 과목으로 계상했어도 사실상 가지급금에 해당하면 놓치지 말고 모두 가지급금으로 세무 처리를 해야 한다.

어떻게 하면 세무조사를 피할 수 있을까? 사실 대비한다고 해서 세무조사를 100% 피할 수는 없다. 무엇보다, 세무조사를 피하기 위해서는 성실도를 높이는 것이 필요하다. 성실도란 기존에 세금을 성실히 신고, 납부했는지를 말한다. 과세관청은 성실도분석시스템CAF을 통해 기존 신고 내역을 분석하여 성실도를 평가한다. 성실도가 지속적으로 낮게 나오면 세무조사 대상이 될 확률이 높아진다. 성실도 평가는 다양한 지표를 분석하여 결과가 산출된다. 예를 들어, 매출 누락, 사적 경비 지출, 재고자산 조절을 통한 소득 조작, 가공인건비 계상, 적격 증빙 수취 비율 등을 종합적으로 고려하여 성실도를 평가한다. 따라서 평소 성실도 분석 항목에 유념하여 성실하게 세금을 신고, 납부하면 좋다.

어느 정도 규모가 커졌다면 미리 세무 진단을 받아보는 것도 좋다. 세무 진단이란 외부 전문가에게 의뢰하여 어떤 세무 리스크가 있는지 검증해보는 것이다. 이를 통해 미리 세무 리스크를 파악하여 문제를 해결하고 안정적으로 세무조사에 대비할 수 있다.

만약 세무조사가 나오면 세무조사에 유능하게 대응할 수 있는 전문가를 섭외해야 한다. 세무조사가 나오면 현실적으로 어느 정도의 세금 추징은 피하기 어렵다. 평소 아무리 잘 대비해도 적발 사항은 나오기 마련이다. 때로는 작은 것을 내주고 마무리할 필요도 있다. 또한 세무조사가 나오면 어떤 쟁점 사안이 있는지 파악하는 것이 중요하다. 무작위 추출로 조사 대상이 됐는지, 아니면 탈세 제보나 기획 조사에 의한 것인지 파악해야 한다. 또한 세무 공무원이 어느 정도 정보를 가지고 있는지 파악하여 그에 맞게 준비하고 대응하도록 한다. 따라서 세무조사 경험이 풍부하고 협상 능력이 탁월한 전문가를 알아두는 것이 좋다.

07 엑시트 단계
: 주식 거래 잘못하면 큰코다친다

> "세무사님, 저희 회사 직원한테 지분을 액면가로 넘겼는데 괜찮겠죠?"

이런 말은 하는 대표들이 간혹 있다. 사전에 상담을 받고 진행하면 좋은데 이미 일을 벌이고 알려주니 난감한 일이 발생하기도 한다. 엑시트 단계에서도 주식 거래를 해야 하지만 회사가 성장하는 모든 단계에서 주식 거래를 하는 경우가 종종 있을 것이다. 그런데 많은 스타트업 대표가 주식 액면가 거래를 너무 가볍게 생각하는 경향이 있다. 동기부여를 위해 직원들에게 주식을 액면가로 넘기기도 하고, 공동 창업자들 간에 지분을 정리하면서 액면가로 거래하기도 한다. 또한 지분 분산을 위해 가족들에게 지분을 증여하거나 액면가로 양도하기도 한다. 하지만 주식 액면가 거래를 잘못하면 자칫 큰 세금이 추징될 수 있으니 주의해야 한다. 어떤 경우에 세금이 추징될까? 주식 거래 시 반드시 고려해야 하는 것이 주식을 '누구와 거래하는가?'와 '얼마에 거래할 것인가?'다. 이 두 가지에 따라 세금 이슈가 발생할 수 있다.

주식 거래의 유형에는 주식의 양도, 증여, 증자, 감자 등이 있다. 유상의 대가를 받고 주식 소유권을 이전하는 거래는 양도 거래이며, 무상으로 소유권을 이전하는 것은 증여다. 세법상 양도 거래에는 양도소득세, 증여 거래에는 증여세가 부과될 수 있다. 양도와 증여는 모두 자본금에 영향을 주지 않는 거래이지만, 증자와 감자는 자본금에 영향을 주는 거래다. 자본금이 늘어나는 것을 증자라고 한다. 증자는 자본금 납입 유무에 따라 유상증자, 무상증자로 나눌 수 있다. 반대로 자본금이 감소하는 것을 감자라고 하며, 감자 대가를 지급하느냐에 따라 유상감자, 무상감자로 나눌 수 있다. 증자는 신주 발행, 주식 배당의 형태로 나타나며 감자는 주식 소각, 주식 병합의 형태로 나타난다. 이런 증자, 감자 거래에서도 증여세가 부과될 수 있다.

주식 거래 시에 어떤 과세 문제가 발생할 수 있는지 알아보기 위해 가상의 사례를 살펴보자.

> 개발자 출신 A씨는 2025년 1월에 자본금 1억 원을 들여 스타트업 법인을 설립했다. 동업자 없이 혼자 설립해서 A씨가 지분 100%를 소유하는 대표다. 고군분투하던 중 사업 아이템이 괜찮아 2026년 1월에 B씨로부터 3억 원의 시드 투자를 받았다. 이에 ① 2026년 1월에 투자금 3억 원에 대하여 제3자 배정으로 증자 등기를 했다. 투자금을 받은 A씨는 괜찮은 CTO를 영입하고 싶었지만, 연봉 조건이 맞지 않아 본인의 지분을 일부 주기로 했다. ② 2026년 3월 CTO C씨를 영입하면서 대표 A가 보유한 지분의 5%를 증여하는 계약서를 작성했다. 그렇게 같이 일한 지 1년이 지난 후 둘 사이가 너무 맞지 않아 결국 C씨가 퇴사하기로 했다. C씨가 퇴사하자 A씨는 지분을 다시 회수해야겠다고 생각했다. 처음에 무상으로 줬으나 ③ 2027년 2월 CTO인 C씨가 소유한 모든 지분에 대해 A씨가 액면가를 지불하고 회수했다.

이 경우에 주식의 증자, 증여, 양도 거래가 각각 1번씩 있었다. 각 거래별로 세금 문제는 없었을까? 주식 거래에서 발생하는 과세 문제를 이해하기 위해 꼭 알아야 할 개념이 바로 '시가'와 '특수관계자'다. 여기서는 세법상 개념부터 잡고 어떤 과세 문제가 발생하는지는 다음에서 설명하겠다.

먼저 시가의 개념을 이해할 필요가 있다. 주식도 정관에 제약이 없으면 시장 논리에 따라 자유롭게 거래할 수 있다. 따라서 주식을 비싸게, 혹은 싸게 거래할 수도 있다. 여기서 기준이 되는 금액은 주식의 가치다. 주식의 가치보다 더 주고 살 것인가, 덜 주고 살 것인가를 거래 당사자가 협상할 수 있는데, 그것이 바로 시가다. 시가는 불특정 다수 사이에 거래되는 가격이다. 즉, 수요와 공급에 의해 시장에서 결정되는 가격인 것이다. 세법에서도 시가를 과세를 위한 기준 가격으로 보고 있다. 하지만 비상장주식의 경우 일반적으로 거래가 되는 시장이 없기에 시가를 산정하기 어렵다. 만약 매매 사례가가 있다면 이를 시가로 볼 수 있으나 특수관계자 간의 거래가 아니어야 하고, 1% 이상 또는 액면가 3억 원 이상 거래해야 인정받을 수 있다. 매매 사례가도 없다면 비상장주식은 감정평가액도 인정되지 않기에 일반적으로 세법상 보충적 평가 방법을 이용한다. 이것이 바로 세법상 비상장주식 평가다. 결국 실제 거래된 가격이 없으면 비상장주식 평가액을 시가로 본다.

비상장주식 평가는 아래와 같이 순손익가치와 순자산가치를 가중 평균하여 계산한다. 평가를 위해 3년간의 재무제표와 세무조정계산서 등이 필요하다. 재무상태표의 계정과목을 바탕으로 순자산가치를 계산하고 손익계산서의 계정과목을 바탕으로 순손익가치를 계산한다.

비상장주식 평가 방법

1주당 평가액

= Max[(1주당 순손익가치×3+1주당 순자산가치×2)/5, 1주당 순자산가치×80%]

- 1주당 순손익가치=1주당 3년간 가중평균순손익액/10%
- 1주당 순자산가치=순자산가액/발행주식총수

순손익가치와 순자산가치를 가중 평균하지 않고 순자산가치로만 평가하는 경우도 있다. 예를 들어, 청산 예정이거나, 설립한 지 3년 미만의 법인이거나, 휴업이나 폐업 중인 법인이거나, 부동산이 총자산의 80% 이상인 법인인 경우에 순자산가치로만 평가한다. 초기 스타트업은 결손이 많을 것이다. 만약 순자산가치와 순손익가치가 0원 이하인 경우는 0원으로 계산한다. 이 비상장주식 평가액보다 차이가 많이 나면 증여세 문제가 발생할 수 있기에 주식 거래 시 평가할 필요가 있다.

참고로 투자받을 때 평가받은 금액은 세법상 시가로 보지 않는다. 기업가치평가는 평가 방법에 따라 금액 차이가 크며 주관적 요소가 반영될 수 있기 때문이다.

다음은 특수관계자 개념이다. 주식 거래 당사자가 누구인가에 따라 세금 이슈가 달라질 수 있다. 특수관계가 있는 사람과는 세금 문제를 더 조심해야 한다. 특수관계자는 쉽게 가족이나 가까운 친척이라고 생각하면 이해하기 쉽다. 하지만 세법에서는 특수관계자의 개념이 그렇게 단순하지 않다. 세법 중 국세기본법, 법인세법, 상속세 및 증여세법에서 말하는 특수관계자가 조금씩 다르다.

특수관계자는 크게 친족관계, 경제적 연관관계, 경영지배관계로 나눌 수 있다. 가족이나 가까운 친척뿐 아니라 경제적 연관성이 있거나 경영상 지배관계가 있어도 특수관계로 본다. 예를 들어, 법인의 대표와 법인에 소속된 직원은 소득세법상으로는 특수관계가 아니다. 하지만 상속세 및 증여세법상으로는 경제적 연관관계에 의해 특수관계가 성립한다. 또한 법인에서 근무하던 임원이 퇴사 후 3년이 지나지 않은 사람과 대표와는 여전히 경제적 연관관계에 의해 특수관계가 성립한다. 또한 특수관계자를 통해 30% 이상 지배하는 법인과도 경영지배관계에 의한 특수관계가 성립한다. 규정이 매

구분		국세기본법(소득세법)	상증세법
친족관계	공통	4촌 이내의 혈족 3촌 이내의 인척 배우자(사실혼 포함) 친생자로서 친양자 입양된 자 및 배우자와 직계비속	
	차이	n/a	직계비속 배우자의 2촌 이내의 혈족과 배우자(사돈)
경제적 연관관계	공통	임원, 사용인 본인의 금전이나 그 밖에 재산으로 생계를 유지하는 자	
	차이	위의 자들과 생계를 함께하는 친족	생계를 함께하는 친족은 특수관계인에 해당하지 않음
		n/a	출자에 의해 지배하는 법인의 사용인 퇴직 후 3년 이내의 임원
경영지배 관계	차이	1차 경영지배 법인: 본인, 친족관계, 경제적 연관관계에 있는 자를 통해 30% 이상 지배하는 법인 2차 경영지배 법인: 1차 지배자가 30% 이상 지배하는 법인 법인이 속한 기업 집단 소속 기업과 임원	본인, 친족관계에 있는 자가 사실상 영향력을 행사하는 기업집단 소속 기업과 임원, 퇴직 임원 1차 경영지배 법인: 본인, 친족관계, 경제적 연관관계에 있는 자를 통해 30% 이상 지배하는 법인 2차 경영지배 법인: 1차 지배자가 50% 이상 지배하는 법인 법인이 속한 기업집단 소속 기업과 임원, 퇴직 임원 기업집단 소속 기업 임원 또는 퇴직 임원이 이사장인 비영리법인

표 24. 특수관계자의 범위

우 복잡하므로, 특수관계자 간에 거래할 때는 세금 문제가 발생할 수 있으니 세무 전문가에게 문의하는 것이 좋다.

이런 특수관계자 간 거래에서 시가보다 차이가 많이 나게 거래하면 증여세 문제가 발생할 수 있다. 또한 양도소득세 부당행위계산부인이 적용될 수도 있다. 따라서 주식 거래 시 반드시 세무 전문가와 상담 후 거래해야 한다.

08 엑시트 단계
: 엑시트하면 세금이 얼마나 나올까?

앞에서 '시가'와 '특수관계자'란 개념을 살펴봤으니, 구체적으로 주식 거래 유형별로 어떤 과세 문제가 있는지 알아보자.

증여 시 세금

주식을 무상으로 이전하면 증여에 해당하여 증여받은 사람이 증여세를 낸다. 증여세 계산은 어렵지 않다. 증여재산가액에서 증여세율을 곱해주면 된다. 여기서 증여재산가액은 시가로 하는데, 비상장주식은 일반적으로 거래되는 시가가 없으니 비상장주식 평가를 통해 산정한다. 따라서 액면가가 아닌 비상장주식 평가로 증여세 신고를 하도록 한다.

과세표준	1억 이하	5억 이하	10억 이하	30억 이하	30억 초과
세율	10%	20%	30%	40%	50%
누진공제	없음	1천만 원	6천만 원	1억 6천만 원	4억 6천만 원

표 25. 증여세율

만약 가족에게 증여하면 증여재산공제를 해준다. 10년 동안 적용받을 수 있는 증여재산공제액은 아래와 같다. 즉, 이 범위 내에서 증여해도 증여세를 과세하지 않는 것이다. 이 공제 금액을 활용하여 세금 없이 주식을 가족에게 분산하는 전략도 사용할 수 있다.

증여자와 관계	배우자	직계존속	직계비속	기타 친족
공제 한도	6억 원	5천만 원 (미성년자 2천만 원)	5천만 원	1천만 원

표 26. 증여재산공제

양도 시 세금

주식을 유상으로 양도한 경우에는 양도자에게 양도소득세가 부과된다. 양도가에서 취득가를 뺀 양도차익에 대한 세금을 내는 것이다. 주식에 대한 양도소득세율은 다음과 같다. 스타트업은 대부분 중소기업이며 대표는 대주주라 3억 원까지는 20%, 3억 원 초과는 25%의 세율이 적용된다. 여기서 대주주 기준은 비상장주식의 경우 4% 이상이거나 10억 원 이상의 주식을 보유한 자를 말한다.

중소기업	대주주		3억 원 이하 20% 3억 원 초과 25%
	그 외 주주		10%
중소기업 외	대주주	1년 미만 보유	30%
		1년 이상 보유	3억 원 이하 20% 3억 원 초과 25%
	그 외 주주		20%

표 27. 비상장주식 양도소득세율

주식을 양도했다면 양도소득세뿐 아니라 증권거래세도 납부해야 한다. 비상장주식 증권거래세는 양도가액의 0.35%를 납부한다.

그런데 얼마에 양도할지, 거래 상대방이 누구인지에 따라 과세 문제가 달라진다.

특수관계자에게 주식을 세법상 기준보다 싸게 양도했다면 세법상 부당행위에 해당하여 시가로 양도한 것으로 보고 양도소득세를 계산한다. 예를 들어, 주식의 취득가액이 1억 원이고 양도 당시 주식의 평가액이 5억 원인데 2억 원에 팔았다면 저가로 양도한 것이다. 만약 특수관계자 간의 거래였다면 특수관계를 이용하여 양도소득세를 많이 줄이기 위해 싸게 거래했을 가능성이 있다. 그렇다면 부당행위로 보아 주식평가액인 5억 원에 판 것으로 간주해서 4억 원의 양도차익만큼 양도소득세를 내게 한다. 조금 싸게 팔면 괜찮은데 기준 이상 차이 나면 부당행위계산부인 규정이 적용된다. 그 기준이 시가와 대가의 차이가 5% 이상 혹은 3억 원 이상 차이나는 것이다. 웬만해서는 5% 이상 차이 날 수 있기에 특수관계자끼리는 시가로 거래해야 한다.

주식을 시가보다 비싸게, 혹은 싸게 거래하면 증여세도 붙을 수 있다. 상대방이 특수관계인지 여부에 따라 과세 기준과 계산식이 달라진다. 만약 비특수관계자와 거래이면서 대가와 시가 차이가 3억 원 미만이면 증여세는 과세되지 않는다. 그런데 특수관계자 간 거래이면서 대가와 시가 차이가 3억 원 이상 혹은 시가의 30% 이상 차이가 나면 증여세가 과세된다. 따라서 특수관계자와 시가대로 거래하지 않은 경우에는 증여세 과세에 주의해야 한다. 또한 보통 특수관계자가 아닌 사람과 거래하면 얼마로 거래해도 문제없다고 생각하는데, 특별한 사정 없이 그 차액이 3억 원 이상 차이 나면 증여세가 과세될 수도 있으니 주의해야 한다.

고가 양도, 저가 양수 시 증여재산가액

- 비특수관계 간 고가 양도
  : 증여재산가액=(양도 대가-시가)-3억 원

- 특수관계자 간 고가 양도
  : 증여재산가액=(양도 대가-시가)-Min(시가×30%, 3억 원)

증자, 감자 시 세금

고가 양도, 저가 양수 거래보다 사실 증자, 감자 시 과세 문제가 더 어려울 수 있다. 그래서 간단히만 설명하고 넘어가겠다. 무엇보다, 증자, 감자 시에도 증여세가 과세될 수 있다.

증자할 때 기존 주주에게 지분 비율대로 신주인수권한을 준다. 이것이 바로 주주 평등의 원칙이다. 지분 비율대로 증자하면 균등 증자가 된다. 그런데 일부 주주가 그 신주인수권을 포기하는 경우에는 불균등 증자가 되는 것이다. 그때 증여세 문제가 발생할 수 있다. 증자를 하면 법인에 자금이 투입되고 그로 인해 주식평가액이 변한다. 모든 주주가 지분 비율대로 자금을 넣고 지분 비율대로 주식을 받으면 괜찮다. 그런데 일부 주주가 증자에 참여하지 않으면 주식평가액에 따라 이익을 보는 사람이 발생하기 마련이다. 증자 시 저가 발행인지, 고가 발행인지, 그 실권주를 다른 사람에게 배정하는지 여부에 따라 달라진다. 또한 기존 주주가 아니고 제3자 배정의 경우에도 과세 여부가 달라진다.

불균등 증자 시 증여재산가액

▶ 불균등 증자 저가 발행 시 증여재산가액

- 실권주 배정
  : (증자 후 1주당 평가액-1주당 인수가액)×배정받은 실권주수
- 실권주 미배정(특수관계자만 과세, 30% or 3억 원 이상 과세)
  (증자 후 1주당 평가액-1주당 인수가액)×실권주총수×신주 인수자 지분 비율×특수관계자의 실권주 비율

- 제3자 배정, 초과 배정
  : (증자 후 1주당 평가액-1주당 인수가액)×초과 배정 신주수

▶ 불균등 증자 고가 발행 시 증여재산가액

- 실권주 배정(특수관계자만 과세)
  : (1주당 인수가액-증자 후 1주당 평가액)×실권주수×특수관계자가 인수한 실권주수 비율
- 실권주 미배정(특수관계자만 과세, 30% or 3억 원 이상 과세)
  : (1주당 인수가액-증자 후 1주당 평가액)×실권주수×특수관계자가 인수한 실권주수 비율
- 제3자 배정, 초과 배정(특수관계자만 과세)
  : (1주당 인수가액-증자 후 1주당 평가액)×미배정 신주수×특수관계자가 초과 인수한 신주수 비율

증여세 계산식이 복잡해 보이지만 불균등 증자 시 증여세 문제가 발생할 수도 있다는 것만 알면 된다. 스타트업이 투자를 받으면 대부분 시가보다 고가 발행이고 제3자 배정일 것이다. 그럴 때는 특수관계자에 있는 주주에게만 증여세 문제가 발생한다.

감자도 마찬가지다. 감자도 지분 비율대로 하면 되는데 불균등 감자하면 주식 가치가 변하기에 이득을 보는 사람이 발생한다. 그러면 증여세가 발생할 수 있다.

불균등 감자 시 증여재산가액

- 과세 요건
고가 or 저가로 소각
특수관계자 & 대주주, 30% or 3억 원 이상 과세

- 증여재산가액
(1주당 평가액-지급한 1주당 금액)×총감자 주식수×대주주의 감자 후 지분 비율×대주주의

특수관계자의 감자주수 비율

이렇게 주식의 증여, 양도, 증자 등 주식 거래 시 다양한 세금 문제가 발생할 수 있다. 따라서 무조건 액면가로 거래하지 말고 반드시 세무 전문가와 상의한 후 진행해야 한다.

이제 앞에서 본 사례를 다시 살펴보자. 사례에서 주식 증자, 증여, 양도의 총 3가지 거래가 발생했다.

① 2026년 1월에 투자금 3억 원에 대하여 제3자 배정으로 증자 등기를 했다.

해당 거래는 제3자 배정으로 불균등 증자를 했고, 고가 발행을 했을 것이다. 이 경우 거래 당사자 간 특수관계가 있다면 과세가 된다. 만약 대표 A와 투자자 B 사이에 특수관계가 성립하면 증자로 인한 가치 증가분에 대해 대표 A에게 증여세가 부과된다.

② 2026년 3월 CTO C씨를 영입하면서 대표 A가 보유한 지분의 10%를 증여하는 계약서를 작성했다.

대표 A가 무상으로 C에게 주식을 주었으니 증여에 해당한다. 주식을 받은 C는 주식 시가만큼 증여세를 납부해야 한다. 이때 주식 시가가 얼마인지는 세법상 비상장주식 평가를 진행한다. 투자 유치 시 기업가치평가액은 세법상 시가로 보지 않는다.

③ 2027년 2월 CTO C가 소유한 모든 지분을 A가 액면가를 지불하고 회수했다.

C의 소유 주식을 A에게 액면가로 양도했다. 비상장주식 평가를 진행해야겠지만, 투자를 받았으니 주식 가치는 액면가보다 높을 것이다. 따라서 저가 양도에 해당한다. 대표 A와 CTO C는 상속세 및 증여세법상 특수관

계에 해당한다. 따라서 특수관계자 간 저가 양도에 해당하며 시가와 대가의 차이가 3억 원 혹은 시가의 30% 이상 차이 나면 대표 A에게는 증여세가 부과된다.

엑시트하면 얼마나 세금이 나오는지 사례를 통해 간단히 살펴보자. 법인 대표가 설립 시부터 보유한 액면 금액 1억 원 상당의 주식을 100억 원에 매각했을 경우 세금이 얼마나 나올까? 주식 양도 시 세금은 양도소득세와 증권거래세가 적용된다. 양도소득세는 양도가100억 원에 취득가1억 원를 뺀 양도차익99억 원에 세율을 적용한다. 3억 원까지는 20%, 3억 원 초과분에 대해서는 25%의 세율이 적용된다. 기본공제 250만 원까지 차감하면 산출되는 양도소득세는 24억 5,900만 원이다. 거기에다 10%의 지방소득세가 가산된다. 증권거래세는 간단하다. 양도가액에 0.35%의 세율을 곱하면 된다.

엑시트 시 양도소득세, 증권거래세 예시

양도소득세
(99억 원-3억 원-250만 원)×25%+3억 원×20%=24억 59,375,000원(지방소득세 10% 별도)

증권거래세
100억 원×0.35%=3,500만 원

주식 양도소득세에 대한 절세는 쉽지 않다. 가족들에게 미리 주식을 분산해놓으면 조금은 절세할 수는 있겠지만 투자자들이 꺼릴 수도 있다. 이렇게 많은 세금을 내고서도 엑시트를 해보는 게 꿈인 사람이 많을 것이다. 부디 엑시트하여 세금 많이 내고 애국하는 날이 오길 바란다.

5장

생존을 위한 자금 조달 방법 및 사례분석

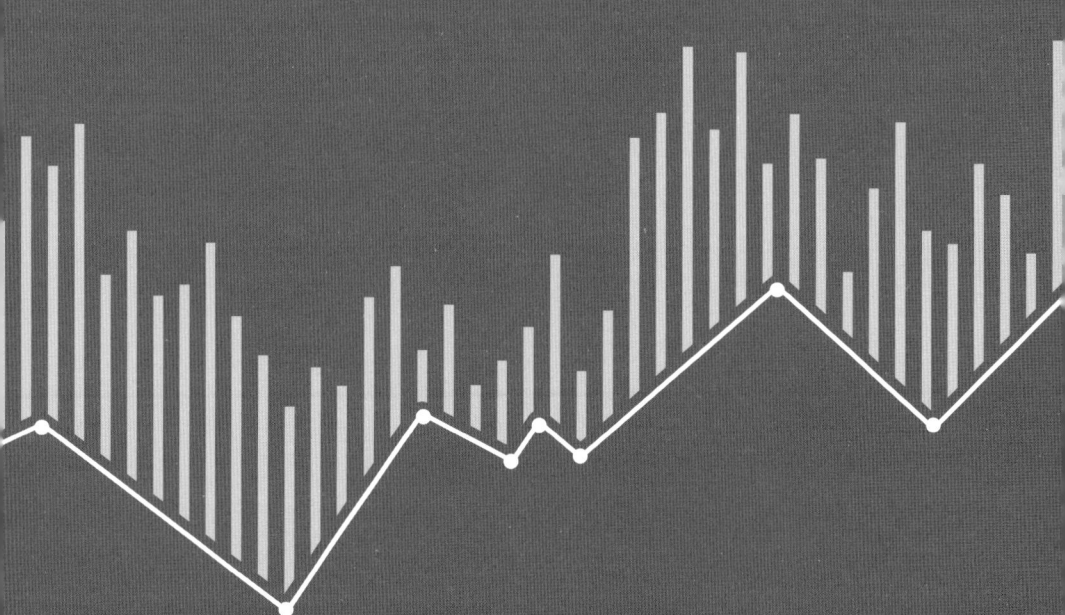

01 생존을 위한 필수 도구
: 현금흐름 관리

> "세무사님, 회사 현금이 부족해서 큰일이에요. 요즘 잠도 잘 못 자겠어요."

데스밸리를 지나고 있는 스타트업 대표들은 이 문제로 걱정이 많다. 스타트업에서 현금은 피와 같다. 현금이 부족하거나 현금흐름이 원활하지 않다면 생존에 큰 타격을 입는다. 스타트업 초기 호기롭게 사업을 시작하고도 사업을 운영하면서 자금은 금방 바닥을 보일 것이다. 대부분 스타트업은 자금이 매우 부족한 데스밸리를 지나치는데, 이를 견디지 못하고 폐업하는 사업자도 매우 많다. 돈이 부족하다고 구두쇠처럼 무작정 돈을 안 쓸수도 없다. 사업에 필요한 지출은 반드시 해야 한다. 따라서 지출은 계획적으로 해야 한다. 이를 위해 현금흐름을 반드시 관리할 필요가 있다. 현금흐름 관리는 외부 세무 대리인이나 경리 대리인이 해주지 않는다. 대표 본인이 관심을 가지고 꾸준히 관리해야 한다.

사업 초기에는 어느 정도의 사업 자금을 가지고 시작할 것이다. 법인의 경우 법인통장에 등기 시 설정한 자본금을 넣어둔다. 과거에는 최저자본금 규정이 있었으나 상법 개정으로 최저자본금 규정이 없어졌다. 따라서 자본금 100만 원으로도 법인을 설립할 수 있다. 하지만 사업을 운영하는 데 자금은 훨씬 더 많이 필요하다. 사무실 보증금, 임차료, 노트북, 가구 등 비품 구입비만 해도 수백에서 수천만 원이 든다. 거기다 직원을 채용하면 급여뿐 아니라 4대 보험료, 복리후생비 등 지출이 많아진다. 사업을 하면 숨만 쉬어도 돈이 나간다는 것을 체감한다. 따라서 초기 투자를 받지 않으면 매출이 발생하기까지 대부분의 자본금을 금세 소진하게 된다.

그러다가 매출이 발생하거나 투자를 받으면 어느 정도 숨통이 트일 것이다. 하지만 미래 유입되는 현금과 유출되는 현금을 파악한 후 예상 현금흐름 계획을 꼼꼼히 세울 필요가 있다. 그리고 현금흐름 계획에 맞게 대표는 비용 지출을 통제하고 추가 자금을 확보해야 한다. 만일 현금흐름 예측을 잘못하면 어느 순간 지불해야 할 대금을 지급하지 못하는 경우가 발생한다. 그것이 급여라면 직원들의 신뢰가 떨어지는 것은 물론이고 임금체불로 노동청에 고발당할 수도 있다. 또한 납부해야 할 세금을 내지 못하면 대표의 개인 재산에 압류가 들어올 수도 있다. 괜히 사업 한번 잘못했다가 파산할 수도 있는 것이다.

'흑자도산'이라는 말은 한 번쯤 들어보았을 것이다. 회사가 흑자, 즉 이익이 났는데 왜 도산할까? 바로 유동성 때문이다. 회계는 발생주의를 원칙으로 인식된다. 발생주의는 현금주의와 상반되는 개념으로 현금 수수와 관계없이 수익은 실현되었을 때 인식하고, 비용은 발생되었을 때 인식하는 개념이다. 발생주의에 따라 물품을 팔고 실제로 대금을 회수 받지 못해도 장부에는 매출로 기록된다. 이렇게 장부상 이익이 난 상황에서도 회사에 보유한 현금이 없다면, 정작 회사가 갚아야 할 돈, 즉 채무를 이행하지 못한다. 그러면 부도가 나는 것이다. 참으로 안타까운 상황이 아닐 수 없다.

예를 들어보자. 도매업을 운영하는 A 회사는 거래처 B에서 30억 원어치의 물건을 떼어와 C 회사에 50억 원에 팔았다. A 회사 대표는 20억 원을 벌어 신이 났다. 하지만 A 회사는 C 회사와 갑을관계에 있기 때문에 어쩔 수 없이 50억 원을 1년 뒤에 받기로 했다. 이 경우 A 회사 손익계산서상 매출은 50억 원이 되고 매출원가는 30억 원이 되어, 판매비와 관리비 1억 원을 차감하고 19억 원의 이익을 본 것으로 기재된다.

채권, 채무 발생 예시

	매출	50억 원	-------------- 매출 대금 50억 원 채권 발생
(-)	매출원가	30억 원	-------------- 매입 대금 30억 원 채무 발생
	매출총이익	20억 원	
(-)	판매비와 관리비	1억 원	
	당기순이익	19억 원	-------------- 법인세 3.751억 원 납부 의무 발생

따라서 A 회사는 19억 원의 이익에 대한 세금 약 3억 7,510만 원도 내야 하고, 물품대금 30억 원을 B 회사에 지급해야 하는 채무도 발생한다. 이 상황에서 매입 대금 30억 원을 매출 대금 50억 원을 회수하기 전에 지급해야 한다면, A 회사는 어쩔 수 없이 부도가 난다. 따라서 자금의 유동성 관리, 즉 현금흐름을 잘 관리해야 한다.

현금흐름은 어떻게 관리할 수 있을까? 회계 기준의 재무제표에는 현금흐름표가 포함되어 있다. 현금성 자산의 변동 내역에 관한 정보를 이해관계자에게 제공하는 것이 목적이다. 하지만 외부 감사 대상이 아니면 굳이 만들지는 않고, 예상 현금흐름을 나타내지도 않는다. 따라서 별도의 예상 현금흐름 관리표를 회사 상황에 맞게 작성하여 관리하는 것이 좋다.

예상 현금흐름 관리표 양식에 정답은 없다. 현금 유출입 기준으로 예상 가계부를 만든다고 생각하면 된다. 물론 100% 정확하게 현금흐름을 예측할 수는 없지만, 사업 운영과 계획 수립을 위해 대략적이라도 예측할 필요는 있다. 좀 쉽게 만들려면 월별 손익계산서에서 시작하도록 한다. 내부 회계팀이나 외부 세무 대리인에게 월별 매출과 비용을 정리한 손익계산서를 요청하면 된다. 손익계산서는 회계상 발생주의 기준으로 작성되었기 때문에 현금주의 기준으로 변환할 필요가 있다.

우선 월별 매출과 비용 현황을 나타낸 표를 만들어야 한다. 과거 월별 손익계산서상 수치와 실제 현금 유출입 수치를 바탕으로 미래 현금 유출입 예측도 가능하다. 또한 미래 매출과 비용 예측을 위해 예상 시나리오와 회사별 특정 조건을 설정해야 한다. 예를 들어, 월별 매출은 5% 이상 증가할 것, 매출이 5억 원이 넘어가면 운영을 위해 1명 추가 채용할 것 등 회사 상황에 맞는 조건을 설정해야 정확하게 미래 현금흐름을 예측할 수 있다.

손익계산서상 매출 금액과 성장 시니라오를 바탕으로 미래 예상 매출을 추정해볼 수 있다. 또한 매출이 발생해도 바로 현금이 입금되지 않을 수 있다. 매출채권이 언제 현금화되는지는 사업 형태나 거래처별로 다를 수 있다. 만약 매출 시기와 현금유입 시기가 평균적으로 1달 정도 차이 나면 1달 후에 현금이 유입되는 것으로 현금흐름 관리표를 조정한다. 또한 매출채권이 전부 회수되지 않을 수 있기에 평균적 대손율을 적용하여 현금 유입 금액을 수정하면 된다.

고정적으로 나가는 인건비, 임차료, 4대 보험료, 통신비 등은 매달 발생할 것이다. 또한 시나리오상 매출이 커짐에 따라 추가 채용도 고려하여 예상 비용을 추정해볼 수 있다. 여기에 마케팅비, 재료비, 외주비 등의 변동비를 고려하여 예상 현금 유출을 인식한다. 그리고 투자 유치, 대출, 정부 지원금 관련 등 현금 유입과 세금 납부로 인한 현금 유출도 고려해야 한다. 그 외 사무실 이전 혹은 유형자산 처분 등 예측 가능한 비경상적 현금 유출입이 있다면 그것도 관리표에 반영한다.

이렇게 예상 현금흐름을 관리표로 만들면 현재 가용자금은 얼마나 여유가 있는지, 언제 현금이 소진되는지 확인할 수 있다. 그 현금흐름에 따라 추가 채용을 할지, 마케팅 비용을 더 사용할지 등의 의사결정을 내릴 수 있다. 또 현금 소진이 예상되는 시기 전에는 미리 추가 자금 조달 방안을 마련해야 한다.

(단위: 천원)

구분		2025-01	2025-02	2025-03	2025-04	2025-05	2025-06	2025-07	2025-08	2025-09	2025-10	2025-11	2025-12
기초현금		100,000	95,450	140,900	131,350	126,800	122,250	117,700	113,150	108,600	104,050	199,500	194,950
현금유입	매출	10,000	10,000	10,000	10,000	10,000	10,000	10,000	10,000	10,000	10,000	10,000	10,000
	미수율 10%	1,000	1,000	1,000	1,000	1,000	1,000	1,000	1,000	1,000	1,000	1,000	1,000
	계	9,000	9,000	9,000	9,000	9,000	9,000	9,000	9,000	9,000	9,000	9,000	9,000
현금유출	급여	5,000	5,000	5,000	5,000	5,000	5,000	5,000	5,000	5,000	5,000	5,000	5,000
	보험료	500	500	500	500	500	500	500	500	500	500	500	500
	복리후생비	250	250	250	250	250	250	250	250	250	250	250	250
	업무추진비	500	500	500	500	500	500	500	500	500	500	500	500
	여비교통비	300	300	300	300	300	300	300	300	300	300	300	300
	광고선전비	2,000	2,000	2,000	2,000	2,000	2,000	2,000	2,000	2,000	2,000	2,000	2,000
	차량유지비	500	500	500	500	500	500	500	500	500	500	500	500
	지급수료	3,000	3,000	3,000	3,000	3,000	3,000	3,000	3,000	3,000	3,000	3,000	3,000
	소모품비	500	500	500	500	500	500	500	500	500	500	500	500
	계	12,550	12,550	12,550	12,550	12,550	12,550	12,550	12,550	12,550	12,550	12,550	12,550
현금유입	영업외수익	0	0	0	0	0	0	0	0	0	0	0	0
현금유출	영업외비용	1,000	1,000	1,000	1,000	1,000	1,000	1,000	1,000	1,000	1,000	1,000	1,000
이익 계		(4,550)	(4,550)	(4,550)	(4,550)	(4,550)	(4,550)	(4,550)	(4,550)	(4,550)	(4,550)	(4,550)	(4,550)
기타 현금유출	세금납부			5,000									
기타 현금유입	대출												
	정부지원금		50,000								100,000		
기타 계		0	50,000	(5,000)	0	0	0	0	0	0	100,000	0	0
기말현금		95,450	140,900	131,350	126,800	122,250	117,700	113,150	108,600	104,050	199,500	194,950	190,400

표 28. 현금흐름 관리표 예시

3장에서 보았듯이, 유동비율, 당좌비율 등의 지표를 산출하여 유동성을 모니터링할 수도 있다. 하지만 자금이 늘 부족한 스타트업은 직관적인 현금흐름 관리 지표가 필요하다. 스타트업에 유용한 현금흐름 관리 지표로는 번레이트burn rate 와 런웨이runway 가 있다. 번레이트는 현금이 불타는 속도라는 뜻이다. 런웨이는 현금 보유액을 번레이트로 나눈 비율을 말한다. 런웨이는 활주로란 의미로, 스타트업의 보유 자금으로 운영 가능한 기간을 예측하는 것이다. 예를 들어, 보유한 현금이 1억 원인데 평균 매출이 1천만 원이고 평균 고정 지출이 2천만 원이라면, 수입을 고려한 평균 지출액인 넷 번레이트는 1천만 원_{고정 지출 2천만 원-평균 매출 1천만 원}이고 런웨이는 10_{1억 원÷1천만 원}이다. 따라서 보유한 현금으로 10개월간 운용이 가능하니, 현금이 고갈되기 전에 불필요한 자금 유출을 막거나 추가 자금 조달을 준비해야 한다.

02 자금 조달을 위한 5가지 방법

☞ "스타트업은 아이디어로 시작되지만, 자금 조달로 살아남는다."

스타트업 성공에 있어 가장 중요한 것 중 하나가 자금 조달이다. 아무리 좋은 아이디어와 훌륭한 팀이 있더라도 사업 자금이 없다면 성공할 수 없다. 열심히 노를 저어 앞으로 나가야 하는데, 노가 없는 셈이다. 그렇다면 어떤 방법으로 자금을 조달할 수 있을까? 대표적인 방법 5가지를 소개하겠다.

대표 개인 자금

우선 가장 간편한 방법이 대표 개인 돈을 활용하는 것이다. 법인 설립 시 대표가 출자한 자본금으로 사업을 운영하다가 자본금으로 부족한 경우에 대표가 추가 자본을 사업에 투입한다. 대표가 개인 돈을 투입하는 방법은 법인에 돈을 빌려주는 방식과 증자하는 방식이 있다. 대표가 돈을 빌려주는 방식은 4장에서 설명한 가수금이다. 가수금은 법인 입장에서 차입금이다. 증자는 자본금을 늘리는 방식으로, 대표가 개인 돈을 출자한 만큼 주식을 추가 발행하는 것이다. 증자는 상법상 절차에 따라 이사회 결의 후 법인 등기를 변경해야 하지만, 가수금은 별다른 절차가 필요 없다. 자금 회수 방식도 차이가 있다. 가수금의 경우 추후 매출이 발생하여 법인 자금에 여유가 있는 경우 가수금만큼 대표가 다시 인출해 가면 된다. 하지만 증자한 경우 자금 회수를 위해 대표는 배당받거나 유상감자를 해야 한다. 대표 개인 자금을 활용하는 방법은 외부 기관이나 투자자를 통해 자금을 조달하는 것보다 훨씬 절차가 간편하다. 하지만 대표의 개인 자금에 여유가 없거나, 개인 대출을 받기 어려운 경우에는 사용하기 어려운 방법이다.

민간 금융기관 대출

개인이 금융기관에서 대출을 받는 것처럼 사업자도 금융기관에서 대출을 받을 수 있다. 하지만 개인과 마찬가지로 담보나 신용이 있어야 한다. 따라서 초기 스타트업보다 어느 정도 매출이나 사업 실적이 있는 회사에 적합하다. 금융기관은 회사의 재무제표와 사업계획서, 세금 체납 이력, 신용 점수 등을 바탕으로 대출을 심사한다. 따라서 대출을 받기 위해 평소 재무제표와 세무 관리가 중요하다. 대출을 받으면 재무상태표상 차입금, 즉 부채로 잡히고 부채비율이 높아진다. 매월 납부하는 이자는 손익계산서상 이자 비용으로 처리된다.

정책 자금(정부 지원 대출)

스타트업이 제공할 수 있는 담보나 신용이 없으면 민간 금융기관에서 대출을 받기 어려운 경우가 많다. 이때 사용할 수 있는 방법이 정책 자금을 활용하는 것이다. 정부 부처나 산하기관의 공공기금을 활용하여 사업자들에게 자금을 제공하는데, 넓은 의미로는 공공기관의 보조금, 출연금, 융자금으로도 볼 수 있지만, 여기서는 정부 지원 대출인 융자금으로 한정하여 설명하겠다. 정책 자금은 신용보증기금, 기술보증기금, 중소벤처기업진흥공단, 신용보증재단 등에서 제공하고 있다. 공공기관에서 정책적 목적에 의해 제공하는 것이기에 일반적으로 저리로 대출이 가능하고 상환 기간도 길다는 장점이 있다. 정책 자금을 받기 위해서는 재무제표가 중요하다. 또한 보유한 특허가 많으면 유리하고 벤처기업 인증, 이노비즈 인증을 받으면 가산점이 있다. 정책 자금 역시 재무상태표상 부채로 인식되고 납부하는 이자는 손익계산서상 이자 비용으로 처리된다.

정부 보조금

창업진흥원, 중소벤처기업부, 소상공인진흥공단, 정보통신산업진흥원 등의 공공기관에서 주관하는 지원 사업이 많다. 예를 들어, 예비창업패키지, 초기창업패키지, 청년창업사관학교, 재도전성공패키지 등 많은 창업 지원 사업이 시행되고 있다. 또한 다양한 국책과제를 수행하면서 자금을 조달할 수 있다. 지원 사업 협약에 따라 지원금 일부에 대한 상환 의무가 발생하기도 하고, 상환 의무가 없는 경우도 있다. 지원 사업에 선정되면 보통 몇천만 원에서 몇억까지 사업 자금을 지원받는다. 정부 보조금을 지원받으면 총사업비 중 일정 비율의 자기부담금이 있는 것이 일반적이다. 이런 정부 보조금은 세무상 수익으로 인식되어 세금이 과세된다. 하지만 비용을 지출하는 만큼 보조금을 받기에 실제로 발생하는 세금 효과는 0이 된다.

투자 유치

다양한 자금 조달 방법이 있지만 스타트업은 투자를 받는 것이 빨리 스케일업할 수 있는 방법이다. 투자 유치를 통해 큰 금액의 자금을 조달할 수 있기 때문이다. 스타트업 초기에는 대표의 지인이 투자하기도 하고 엔젤 투자를 받기도 한다. 이후 제품 출시하고 시장 반응에 따라 다양한 투자 유치 기회가 생긴다. 사모펀드나 벤처캐피털 등의 투자자들로부터 시리즈 투자를 받을 기회도 찾아온다. 투자를 유치하면 자금의 여유가 생기지만 그만큼 성과를 내야 하는 압박도 생긴다. 또한 일반적으로 투자자들에게 신주를 발행하는 자본금을 늘리는 증자의 형태로 처리되기에 대표의 지분이 희석되는 부분도 고려해야 한다. 여러 번의 투자를 통해 대표 지분 비율이 많이 낮아지면 중요한 의사결정을 할 때 제약을 받을 수 있다.

스타트업 자금 조달 방법 중 가수금과 투자 유치는 앞에서 알아보았으니 여기서는 정책 자금 방식에 대해 좀 더 알아보자. 정책 자금은 비교적 장기간 동안 저리로 자금 조달이 가능하고, 지분을 요구하지 않기에 일반적으로 다른 자금 조달 방식에 비해 선호도가 높은 편이다.

구분	은행 대출	정책 자금(정부 지원 대출)
금리	중~고금리	저금리
상환 조건	단기 상환	장기 상환 가능
담보, 보증	담보, 보증 필요	담보, 보증 없이 가능
지원 대상	신용도 및 재무 상태 우수 기업	성장 가능성 높은 기업 우선 지원
대출 한도	신용, 담보에 따라 결정	정책 목적에 따라 제한
심사 절차	비교적 간단	까다로움

표 29. 정책 자금, 민간은행 비교

정책 자금을 신청하여 지원을 받으면 저리로 대출을 받을 수 있다. 중소벤처기업진흥공단 등에서 직접 대출을 해주기도 하고, 신용보증기금이나 기술보증기금 등을 통해 보증받고 시중 민간은행에서 대출을 해주는 절차로 진행되기도 한다.

정책 자금 브로커, 즉 제3자가 개입하여 서류 작성, 보증 알선 등의 서비스를 제공하고 수수료를 받는 행위는 불법이며, 추후 적발 시 보증 지원이 철회될 수 있으니 주의해야 한다. 따라서 대표가 직접 정책 자금을 알아보고 서류를 준비해야 한다.

정책 자금 지원 절차에 대해 중소벤처기업진흥공단의 예를 살펴보자. 온

라인 기업정보 입력 → 정책 우선도 평가 → 정책 우선도 평가 결과 안내 → (신청 권한 부여 기업) 융자신청서 작성 → 기업 심사 → 지원 여부 결정 → (지원 승인 기업) 대출 순으로 진행된다. 정책 우선도 평가란 정책 자금 신청량이 많은 경우에 한해 정책 방향 등을 고려한 평가를 통해 우선 검토하는 제도다. 정책 우선도 평가 지표는 정책 방향을 고려하여 혁신 성장 분야, 고용 창출 실적, 기술 경영혁신 등 9개 지표로 구성된다. 평가를 통해 융자 신청 권한이 부여된 기업은 기한 내로 신청서를 작성 후 제출해야 한다. 이때 사업자등록증명원, 표준재무제표증명원, 국세/지방세 납세증명서, 4대보험완납증명서, 법인등기부등본, 고용보험가입자명부 등의 서류를 제출해야 한다. 그러면 서류 심사, 실태 조사를 통해 기술성, 사업성, 미래 성장성, 경영 능력, 사업 계획 타당성 등을 종합 평가하여 지원 대상을 결정한다. 지원 대상 기업은 융자 계약 체결 후 대출을 받는다. 당초 목적 외 용도로 대출 자금을 사용하면 자금 조기 회수, 융자 대상 제외 등 제재 조치가 따르므로 사후관리에 주의해야 한다.

실제 많은 스타트업이 정책 자금을 통해 자금을 마련한다. 정책 자금은 사전에 전략적으로 준비해야 한다. 정책 자금 준비 시 주요 세무 관리 체크리스트는 다음과 같다.

자본금 조건

상법상 최저자본금 조건은 없으나 지원기관에 따라 최저자본금을 요구하기도 한다. 따라서 이에 미달한다면 증자를 진행할 필요가 있다. 또한 법인인 경우 완전 자본잠식, 개인인 경우 초과 인출금이 있으면 지원이 배제되니 반드시 주의해야 한다. 법인은 완전 자본잠식이 예상되면 유상증자를 실시하여 자본잠식을 해소해야 한다.

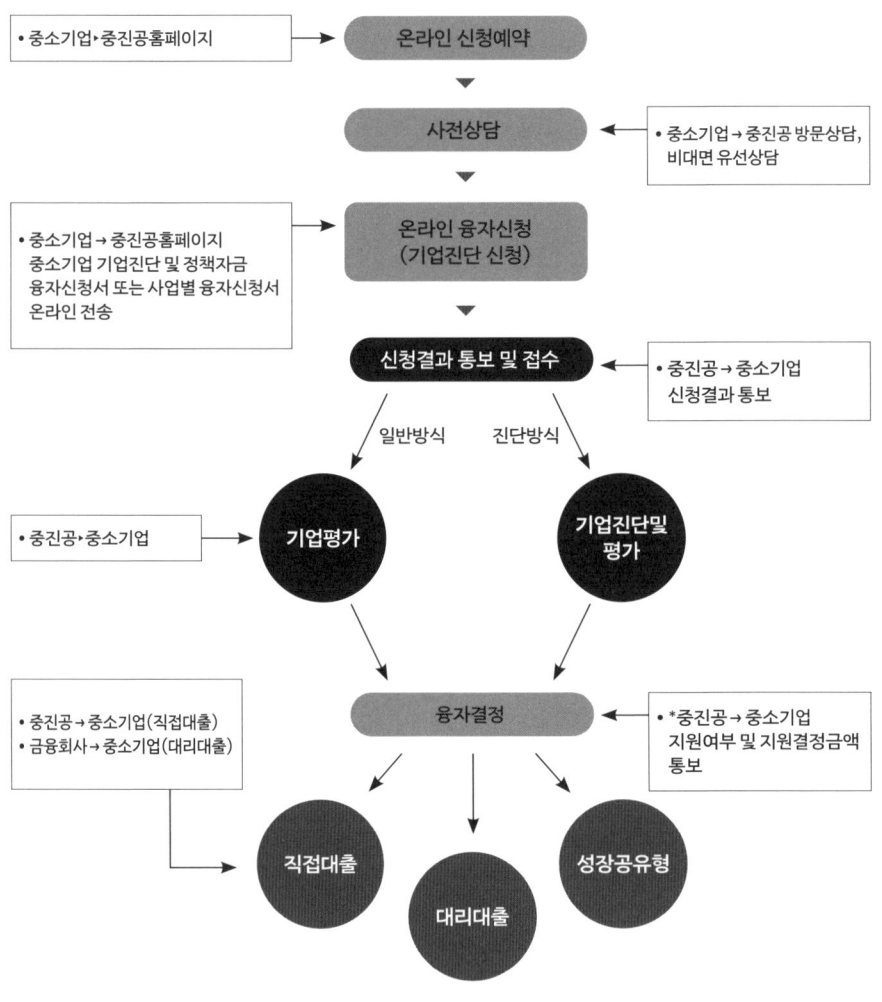

그림 15. 정책 자금 융자 체계도(출처:중소벤처기업진흥공단)

영업이익

일반적으로 당기순이익이 아닌 영업이익 기준으로 심사한다. 신용보증기금의 경우 영업손실이면 보증이 안 되는 경우도 있다. 따라서 보증 신청 준비를 위해서 영업이익을 내야 한다. 만약 영업손실인 경우 기술보증기금과 같은 곳을 알아보는 것이 좋다. 정부 지원금을 받은 이력이 있다면 정부 지원금을 회계 처리할 때 수익인식법이 아닌 비용차감법을 사용하는 것이 좋다. 정부 지원금에 대해 영업외수익으로 인식하는 것보다 비용을 차감하여 영업이익을 좋게 만들 필요가 있다.

부채비율

정책 자금 신청 시 부채비율은 상당히 중요한 재무 지표다. 일반적으로 부채비율은 200~300% 정도로 맞추는 것이 좋으며 400%는 넘지 말아야 한다. 주관 기관마다 업종별로 요구하는 부채비율 제한 기준이 있다. 부채비율을 낮추기 위해 기존 대출을 장부에서 누락해서는 안 된다. 심사기관에서 전산으로 대출 내역을 조회할 수 있으며, 불일치 시 지원에서 배제될 확률이 높다.

기타 주의할 재무제표 항목

정책 자금 주관 기관은 재무제표를 보고 회사를 판단하기에 사소한 부분까지 신경 써야 한다. 예를 들면, 제조업의 경우 제조원가명세서를 반드시 작성해야 한다. 제조원가명세서가 없으면 제조업으로 인정받지 못할 수 있다. 기술보증기금에 신청하는 경우 기업 부설 연구소가 있으면 손익계산서상 경상연구개발비를 인식해야 한다. 또한 보유한 무형자산이 있다면 누락하지 말고 장부에 반드시 계상해야 한다. 만약 복수의 업종을 영위하고 있다면 손익계산서상 매출을 구분하여 계상하는 것이 필요하다. 예를 들어,

제조업과 도소매업을 하고 있다면 제품 매출과 상품 매출을 구분하여 재무제표의 신뢰성을 높여야 한다.

형식과 실제의 일치 여부 확인

법인등기부등본과 사업자등록증상 사업장 소재지와 실제 사업장 소재지에 차이가 없어야 한다. 당연한 것이지만 만약 다르다면 명의 위장 사업장으로 의심받을 수 있으니 주의해야 한다. 또한 등기부등본, 사업자등록증상 명의와 실질 대표 명의가 다르다면 이 또한 주의가 필요하다. 만약 다르다면 일반적으로 실질 대표를 대상으로 심사가 진행된다. 사업자등록증의 업종 코드와 실제 영위하는 사업의 업종이 일치해야 한다. 만약 다르다면 사업자등록증 정정 신청을 해야 한다.

가산점 확인

정책 자금 신청 시 가산점이 있는 항목이 있다. 기관마다 조금씩 차이가 있겠지만 일반적으로 특허권을 보유하고 있거나 벤처기업, 이노비즈, 메인비즈 인증 시 가산점이 있는 곳이 있으니 미리 준비하면 좋다.

신용도 관리

대표 개인의 신용도도 매우 중요하다. 따라서 평소 개인 신용도를 잘 관리하는 것이 필요하다. 또한 지원받으려는 회사가 국세와 지방세, 4대 보험 체납이 있는 경우에는 제외될 수 있으며, 기존 대출이 연체 중인 경우에도 제외될 수 있으니 주의해야 한다.

03 | 투자 유치, 정책 자금, 정부 보조금 중 나에게 맞는 방법은?

> "모든 자금이 도움이 되는 건 아니다. 방향에 맞는 자금만이 회사를 키운다."

이전 장에서 보았듯이 자금 조달 방법은 다양하다. 회사가 어려우면 어떤 방법이든 동원해서 자금을 조달해야 하지만, 회사의 사업 계획과 대표의 성향에 따라 어떤 자금 조달 방법이 좋을지는 다를 수 있다. 다양한 요소를 고려하여 나에게 맞는 방법을 찾아야 한다. 대표의 개인 자금 이외의 조달 방식인 투자 유치, 정책 자금 그리고 정부 보조금 자금을 조달할 때 고려해야 할 사항을 살펴보자.

투자 유치 시 대표 지분율 방어를 고려해야 한다. 투자를 유치하면 일반적으로 투자자는 지분을 가진다. 법인의 대표는 사업을 운영하는 입장에서 투자로 인해 자금이 유입되면 좋겠지만, 주주 입장에서 본인의 지분이 희석되는 것은 그렇게 반가운 일이 아니다. 주식을 보유한다는 것은 의결권도 보유한다는 의미. 물론 의결권이 없는 우선주를 투자자에게 발행하기도 하지만 보통주로 전환 가능한 우선주를 발행한다면 대표가 독립적 경영권을 확보하지 못할 수도 있다. 그만큼 지분율 확보는 매우 중요하다.

상법에는 법인의 중요한 의사결정 사항을 주주총회, 이사회를 거치도록 의무화했다. 또한 보통결의 사항과 특별결의 사항으로 나누어 주주가 보유한 의결권 수에 따라 의사결정하도록 했다.

구분	보통결의 사항	특별결의 사항
결의 요건	출석 주주 의결권 과반수+발행주식총수 1/4 이상 찬성	출석 주주 의결권 2/3 이상 + 발행주식총수 1/3 이상 찬성
안건	이사, 감사 선임 재무제표 승인 이익배당, 주식배당 이사, 감사 보수 결정 자기주식 취득 총회 연기 또는 속행 결정 청산인 선임 및 해임 청산인 보수 결정	정관 변경 영업 양도 및 영업 양수 자본 감소 주식분할 주식의 포괄적 교환 및 이전 이사, 감사 해임 주식매수선택권 부여 전환사채, 신주인수권부사채 발행 회사의 분할, 합병 회사 해산 또는 계속의 결의

표 30. 보통결의 사항, 특별결의 사항

특별결의 사항으로는 정관의 변경, 영업 양도, 주식선택권 부여, 자본 감소, 합병 및 분할, 이사 또는 감사의 해임, 전환사채 및 신주인수권부사채 발행 등이 있다. 이런 사항을 결의하기 위해서는 출석 주주의 2/3 이상, 발행주식 총수의 1/3 이상 찬성이 필요하다. 보통결의 사항은 특별결의 사항보다 비교적 덜 중요한데, 이사 또는 감사 선임, 보수 결정, 재무제표 승인, 이익배당, 주식배당 등이 있다. 이런 사항을 결의하기 위해서는 출석 주주의 과반수 이상, 발행주식 총수의 1/4 이상 찬성이 필요히다.

따라서 대표는 투자를 받더라도 최소한 66.7% 이상의 지분을 확보해야 한다. 그래야 특별결의 사항을 대표 단독으로 통과시킬 수 있기 때문이다. 만약 66.7%가 어렵다면 50.1% 이상의 지분을 확보해야 한다. 그나마 보통결의 사항을 대표 혼자 의사결정할 수 있는 권한을 가질 수 있다.

투자 라운드가 진행될수록 대표의 지분율은 계속 낮아질 것이다. 만약 50.1% 미만의 지분을 가지고 있다면 더 이상 독립적 경영권을 확보했다고 말하기 어렵다. 50.1%의 지분을 확보하기 어렵다면 최소 33.4%의 지분은 지켜야 한다. 33.4%의 지분으로 중요한 의사결정을 단독으로 진행할 수 없지만 특별결의 사항의 독단적 처리를 방어할 수 있다. 나중에 상장한다면 또 다른 이야기다. 이재용도 20% 정도의 삼성물산 지분을 보유하고 실질적 지배력을 행사하고 있다. 하지만 비상장 법인은 일정 지분율을 반드시 확보해야 한다.

지분율	권한 행사 범위
3%	회계장부 열람, 임시주주총회 소집
33.4%	특별결의 사항 방어
50.1%	보통결의 사항 통과
66.7%	특별결의 사항 통과
100%	1인 회사

표 31. 지분율에 따른 권한 행사 범위

투자 유치 시 세무 처리 방법도 이해할 필요가 있다. 투자를 유치하면 액면 금액에 대한 부분은 자본금으로 처리가 되고 액면 금액을 초과한 부분은 주식발행초과금으로 장부에 계상된다. 재무상태표상 투자금은 자산과 자본에만 영향을 준다. 따라서 투자를 받았다고 세금을 더 납부하는 것은 아니다. 추후 잉여금이 발생하여 배당을 결의하게 되면 지분을 가지고 있는 주주에게 배당금이 지급된다. 배당금 역시 자본거래로 세후 잉여금을 재원으로 지급되기에 법인세에 미치는 영향은 없다. 회사가 개인 주주에게 배당금을 지급할 때는 배당소득세를 원천징수해야 한다.

정책 자금을 통한 자금 조달 방식은 다른 자금 조달 방식에 비해 단점이 매우 적어 스타트업에 우선순위가 높다. 담보와 신용이 부족한 스타트업도 정책 자금을 활용하면 대출이 가능하다. 더구나 민간 금융기관보다 저금리로 대출받을 수 있으며 상환기간도 더 장기라는 장점이 있다. 하지만 이런 정책 자금도 대출이기에 상환 의무가 있으며, 상환 전까지 이자를 지급해야 한다. 정책 자금은 받아도 지분을 내줄 필요가 없으나 재무상태표상 부채로 잡혀서 부채비율이 높아진다. 또한 투자 유치 방식보다 자금 조달의 규모가 크지 않다는 것이 단점이다.

정책 자금은 자산과 부채에만 영향을 미치기에 정책 자금을 받았다고 세금을 더 납부하는 것은 아니다. 납부한 이자는 손익계산서상 이자 비용으로 처리되기에 이자로 인해 법인세가 줄어드는 효과가 발생한다. 하지만 정책 자금은 비교적 이자율이 낮기에 법인세가 절감되는 효과는 그렇게 크지 않다.

정부 보조금도 고려할 사항이 있다. 찾아보면 스타트업을 위한 다양한 형태의 정부 보조금이 있다. 지분을 요구하지 않고 상환 의무가 없는 경우도 많다. 하지만 때로는 신중하게 접근할 필요도 있다. 정부지원사업, 국책과제의 경우 선정되면 지원금을 받지만 서류 준비, 사업비 정산과 관련하여 많은 시간을 들여야 한다. 공짜 돈은 없다는 말이다. 만약 정부 지원 사업 몇 개를 동시에 하고 있다면 오히려 본래의 업무에 소홀해질 수 있다. 따라서 어떤 정부 보조금을 받고 어떻게 사업에 집중할지는 전략적으로 접근해야 한다. 대표가 제품 개발과 테스트, 시장 출시에 집중해야 할 시기에 정부 지원 사업 준비에만 시간을 쏟으면 효율적으로 사업을 성장시키는 방법은 아닐 것이다.

투자 유치와 정책 자금과 달리 정부 지원금을 받으면 과세가 된다. 사업 자금이 부족하여 지원금을 받았는데 세금까지 내라니 억울하다. 하지만 실제로는 추가적인 세금이 없다. 지원금은 법인세법상 수익으로 인식된다. 하지만 동시에 인건비, 재료비, 수수료 등으로 비용이 발생하기에 실제로는 수익과 비용이 상계된다. 따라서 법인세에 미치는 영향은 0원이다. 외부 감사를 받지 않는 법인의 경우, 지원금은 영업외수익으로 인식하는 수익인식법이나 관련 비용에서 직접 차감하는 비용차감법으로 회계 처리할 수 있다.

두 방법 중 어떤 방법을 사용하든 법인세에 미치는 효과는 동일하다. 하지만 비용차감법을 사용하면 수익인식법에 비해 영업이익이 개선되는 효과가 발생한다.

이렇게 자금을 조달할 때는 여러 특성을 잘 이해해야 한다. 사업 모델과 성장 전략 그리고 대표 성향에 맞는 방법을 종합적으로 고려하여 자금 조달 전략을 세워야 한다.

04 자금 조달 성공 사례 분석
: 세무 관리가 승부를 가른 순간

가상의 사례를 들어 스타트업의 다양한 자금 조달 방법을 알아보겠다.

- 대기업에서 개발자로 근무하던 A는 좋은 아이디어가 있어 퇴사 후 창업을 준비했다. 창업 시 정부 지원을 받기 위해 2025년 예비창업패키지를 열심히 준비하여 선정되었다. 선정 후 퇴직금 중 일부인 5천만 원을 출자하여 법인 설립 및 사업자등록을 했고, 5천만 원의 정부 지원금을 받았다. 사업 자금으로 연구개발 전담 부서를 설립 후 연구원을 채용하여 제품 개발을 지속적으로 진행했다.

- 창업 다음 해인 2026년에도 매출이 없고 비용만 발생하여 추가 자금 조달이 필요했다. 이에 나머지 퇴직금 5천만 원을 법인통장에 이체하여 가수금 형태로 사업 자금을 충당했다. 자금이 늘 부족하여 힘들었지만 대표는 벤처 인증도 받았고, 재무제표 등 세무 관리를 철저히 했다.

- 창업 3년 차인 2027년에 가수금마저 다 소진하여 추가 자금이 필요했다. 이에 2027년 초기창업패키지를 열심히 준비하여 선정되었고 정부 지원금 7천만 원을 지원받았다. 2027년에는 드디어 매출이 발생했으나 비용 지출이 매출 대비 130% 정도 초과해서 늘 손실이었다. 2028년부터 전년 대비 매출이 1억 원씩 증가했으나 여전히 비용 지출이 더 많아 추가 자금 조달이 필요했다. 이에 대표가 개인 대출을 받아 3천만 원의 자본금을 추가 증자했다.

- 추가 자금이 필요해 2029년에는 정책 자금을 신청했다. 영업이익이 손실이었기에 신용보증기금보다 기술보증기금으로 준비했고, 1.5억 원의 대출을 저리로 받을 수 있었다. 이 정책 자금으로 2030년까지 사업 자금으로 사용할 수 있으나 비용은 매출 대비130% 정도 초과 발생하여 여전히 손실이었다.
- 2031년에는 추가 자금 조달을 위해 투자 유치를 준비했으나 생각보다 잘 되지 않았다. 이에 투자 유치 대신 팁스를 준비하여 선정되었다. 팁스 프로그램을 통해 엔젤 투자 1억 원과 정부 지원금 5억 원을 3년 동안 지원받았다. 팁스 지원을 통해 연구개발을 더 안정화할 수 있었고 2033년에는 손익분기점을 달성했다.
- 이런 성과를 바탕으로 2034년에는 드디어 벤처캐피털로부터 30억 원 시리즈 A 투자를 받았다.

이는 가상의 사례이지만 일반적인 스타트업이 충분히 적용할 만하다. 사례에서는 스타트업이 주로 사용하는 자금 조달 방법을 모두 사용했다. 자금 조달을 위해 대표 개인 자금도 사용했고, 정부 지원금과 정책 자금을 준비하여 자금이 고갈되기 전에 추가 자금을 성공적으로 조달할 수 있었다. 이런 사업 자금을 바탕으로 지속적으로 회사를 성장시킬 수 있었고, 시간이 지나면서 손익분기점을 달성해 결국 시리즈 A 투자까지 받았다. 이렇게 성공적으로 정부 지원금, 정책 자금을 받을 수 있었던 것은 평소에 세무 관리를 잘했기 때문이다.

또한 연구개발 전담 부서를 설립 후 연구개발 활동을 지속했고 벤처 인증을 받은 점도 유리하게 작용했다. 이처럼 사업 성장 단계별로 회사에 맞는 자금 조달 방법을 잘 준비하는 것이 필요하다. 물론 창업한 지 10년 만에 투자 유치를 한 것이 이상적이라고 할 수 없으나, 다양한 자금 조달 방

(단위: 천원)

구분		2025년	2026년	2027년	2028년	2029년	2030년	2031년	2032년	2033년	2034년
자금 조달 방법		예비 창업 패키지/ 대표출자	대표 가수금	초기 창업패키지	대표 출자	정책자금			팁스		시리즈A
기초 가용자금		0	50,000	0	20,000	0	100,000	0	100,000	100,000	200,000
자본금 조달		50,000	0	0	30,000	0	0	100,000	0	0	3,000,000
정부지원금		50,000	0	70,000	0	0	0	200,000	200,000	100,000	0
대출 실행		0	50,000	0	0	150,000	0	0	0	0	0
매출 발생		0	0	100,000	200,000	250,000	300,000	500,000	600,000	1,000,000	2,000,000
비용지출		50,000	100,000	150,000	250,000	300,000	400,000	700,000	800,000	1,000,000	2,500,000
기말 가용자금		50,000	0	20,000	0	100,000	0	100,000	100,000	200,000	2,700,000

표 32. 스타트업 자금 조달 사례

법을 설명하기 위한 사례이니 감안해주길 바란다.

이 사례에서 주목할 부분은 예비창업패키지와 초기창업패키지 그리고 팁스로 자금을 조달한 부분이다. 이런 정부지원금을 활용하면 자금이 부족한 시기에 유용하게 활용할 수 있다.

창업 준비 단계라면 중소벤처기업부에서 주관하는 예비창업패키지에 지원하여 자금을 지원받아 시작하는 것이 좋다. 예비창업패키지는 혁신적인 기술과 사업 모델을 보유한 예비 창업자에게 평균 5천만 원의 창업 자금을 지원하고 있다. 예비창업패키지에 지원하기 위해서는 사업공고일 기준으로 사업자등록이 되어 있지 않아야 한다. 따라서 예비창업패키지 지원을 준비 중이라면 사업자등록을 먼저 하지 않는 것이 좋다.

이 사업에 선정되기 위해서는 개발 계획, 보유 역량, 성장 전략 등을 포함하여 사업계획서를 잘 준비해야 한다. 사업계획서, 특허, 수상 내역 등 기타 필요 서류를 제출하면 서류 평가와 발표 평가를 통해 지원 대상자가 선정된다. 예비창업패키지에 선정되면 사업자등록을 하고 시제품 제작, 마케팅비, 인건비 등의 사업 자금을 지원받는다. 사업 자금은 2단계로 나뉘어 지원된다. 1단계는 사업 준비 자금으로, 사업 계획 진척도를 평가하여 2단계 자금을 추가로 지원받는다. 또한 멘토링과 같은 다양한 창업 프로그램도 제공된다. 일반적으로 정부지원금은 일정 비율의 자부담금이 있는 것이 보통인데, 예비창업패키지는 다른 정부 지원금과 달리 자부담금이 없는 것이 장점이다. 예비창업패키지 지원 시 나이 제한은 없지만 창업자 개인의 채무를 불이행 중이거나 국세, 지방세 체납 중인 경우에는 지원받을 수 없다.

이미 창업한 초기 스타트업은 초기창업패키지에 지원하는 것이 좋다. 초기창업패키지는 유망한 아이템을 보유한 창업 3년 이내의 기업에 평균 7천만 원 정도의 사업화 자금을 지원해준다. 초기창업패키지도 예비창업패키지와 마찬가지로 사업계획서를 작성하여 제출해야 하고 서류 평가와 발표 평가를 거쳐 최종 지원 대상자를 선정한다. 초기창업패키지는 예비창업패키지와 달리 30% 정도 자부담금이 있다. 따라서 7천만 원의 사업비를 지원받으면 자부담금 포함하여 총 1억 원을 사업비로 사용한다. 최근 1년 내 1억 원 이상 투자 유치를 했거나, 창조기업지원센터의 추천을 받았다는 등의 사유는 초기창업패키지 지원 시 가산점이 있다.

스타트업은 팁스 프로그램에 지원해보는 것도 좋다. 팁스는 Tech Incubator Program for Startup의 약자로, 민간 투자 주도형 기술 창업 지원 프로그램을 말한다. 민간 투자사를 통해 우수한 창업 기업을 선별하고 민간 투자와 정부 자금을 매칭 지원하는 프로그램이다. 투자와 정부 지원금이 결합된 자금 조달 방법인 것이다. 팁스 프로그램을 도식화하면 다음과 같다.

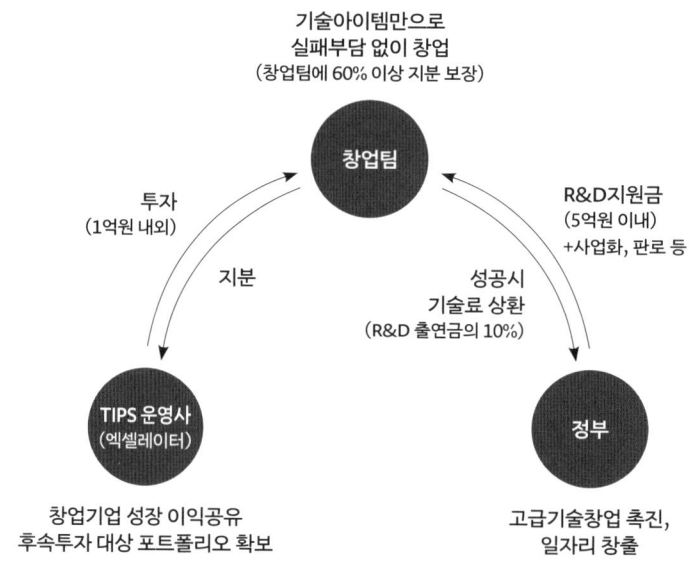

그림 16. 팁스 프로그램(출처: https://www.jointips.or.kr)

팁스 프로그램에 지원하여 선발되면 투자금 1억 원과 최대 5억 원의 R&D 자금이 지원된다. 또한 창업 자금 1억 원, 엔젤매칭펀드 2억 원, 해외 마케팅 1억 원을 추가 지원받을 수 있다. 스타트업은 이런 자금 지원을 통해 안정적으로 사업을 성장시킬 수 있다.

구분		창업 사업화 자금	기술개발 자금			추가 연계 지원
	보육 기간	엔젤 투자금	정부 출연금	민간 부담금		
				현금	현물	
창업팀	2~3년	1억 원 내외 (정부 출연금 20% 이상)	최대 5억 원	민간 부담금의 50% 이상	해당 금액	창업자금 연계 지원 1억 원 엔젤매칭펀드 2억 원 해외 마케팅 1억 원
			기술개발 자금의 80% 이내	기술개발 자금의 20% 이상		

표 33. 팁스 프로그램 지원 범위(출처: https://www.jointips.or.kr)

팁스 프로그램의 혜택이 큰 만큼 선발되는 것도 쉽지 않다. 우선 팁스는 기술 창업자를 지원하므로, 기술 창업이 아니면 지원받기 어렵다. 또한 창업 후 7년이 지나지 않았거나 예비 창업자여야 하며, 팁스 운영사로부터 투자 또는 투자 확약 후 추천을 받아야 한다. 운영기관은 추천받은 회사의 기술 아이템, 역량 등을 심사하고 서면 평가, 대면 평가를 통해 최종적으로 지원받을 회사를 선정한다. 사업 초기에 우수한 사업 아이템이 있다면 팁스 지원을 받는 것도 좋은 방법이다. 다만 팁스에 선정되면 1억 원 내외의 엔젤 투자금에 대해 비교적 많은 지분을 줘야 할 수도 있으니 주의해야 한다.

05 스타트업 절세 성공 사례
: 돈을 버는 것이 아닌 지키는 법

자금 조달도 중요하지만 가지고 있는 돈을 지키는 것도 중요하다. 특히 자금이 부족한 스타트업은 어떻게 절세할 수 있는지 알아야 한다. 2장에서 보았듯이, 절세를 위해서는 세법상 인정되는 비용이 많아야 하고, 세액공제, 감면을 최대한 적용하고 불필요한 가산세를 내지 않아야 한다. 실제로 많은 스타트업이 이런 방법을 통해 많은 세금을 절세하고 있다. 절세 방법을 아는지 모르는지에 따라 실제 납부하는 세금 차이는 상당히 클 수 있다. 이해하기 쉽게 스타트업 절세 방법을 가상의 사례를 들어서 자세히 살펴보겠다.

☞ A씨는 좋은 사업 아이템이 있어 2025년에 법인사업자 ㈜스타트업을 창업했다. 주업종은 소프트웨어 개발 및 공급업으로 애플리케이션을 개발하여 판매하는 것이 주된 사업이다. 창업 당시 A씨는 만 34세로 청년이었고, 자본금 1억 원을 출자하여 지분 100%를 보유했다. 경기도 가평에 조그만 사무실을 구하여 사업을 시작했다. 사업 초기부터 연구개발 전담 부서를 설립했고 연구원 1명을 채용하여 연구개발 활동을 시작했다. 창업 후 2년간은 제품 개발 및 테스트에 전념하는 기간으로 매출이 전혀 없었다. 또한 비용은 인건비, 임차료 등 연간 1억 원 정도 발생하여 회계상 손실이었다. 매출이 없으니 자본금 1억 원으로는 자금이 부족하여 대표 개인 대출을 받아 사업 자금으로 사용했다. 창업 후 2년간은 자금이 늘 부족

하여 상당히 힘들었지만, 대표는 통장 관리, 비용 증빙 관리 등 세무 관리를 철저히 했다. 3년 차인 2027년에 제품을 출시하고 매출이 발생하기 시작했다. 구글플레이스토어와 앱스토어를 통해 애플리케이션 구매가 차츰 이루어졌다. 특히 미국에서 반응이 좋았다. 2027년부터 5년간은 매출이 매년 약 200% 정도 성장했고 이에 2029년에는 연구원도 1명 추가 채용했다. 2032년에는 성장률이 둔화되었지만 지속적인 연구개발을 통해 꾸준한 성장을 이어갔다. 결국 창업한 지 10년이 된 2034년에는 매출 50억 원을 달성하는 성과를 이루었다.

이 사례에서 ㈜스타트업이 창업하고 10년 동안의 예상 매출과 비용을 바탕으로 절세되는 금액을 추정해보았다. 시뮬레이션상으로 창업 후 8년 동안은 납부할 법인세는 0원이다. 9년 차에 드디어 법인세를 납부하는데, 그동안 누적된 세액공제를 활용하면 납부할 세금은 훨씬 줄어든다. 10년간 납부한 법인세는 대략 2억 3천만 원이며, 절세된 법인세액의 총합계는 약 8억 500만 원 정도다. 지방소득세까지 고려하면 8억 8천만 원이 넘는다. 10년간 사업하며 발생한 이익이 총 60억 원인데 세금을 이만큼이나 절세할 수 있다니 놀랍지 않은가? 좀 더 구체적으로 어떻게 절세되는지 살펴보자.

창업 초기인 2025~2026년은 매출이 없고 비용만 있었기에 결손이 발생했고 납부할 세금은 당연히 없다. 그리고 이월결손금 2억 원은 15년간 이월하여 적용 가능하다. 2027년에는 매출이 발생했지만 매출과 비용이 같은 손익분기점이어서 역시 납부할 세금은 없다. 2028년부터 이익이 발생했으나 2028년에는 이익은 1억 원이고 이월결손금 1억 원을 공제했기에 납부할 세금은 없다. 2029년에는 이익이 이월결손금보다 커서 세금이 발생하지만 청년창업세액감면을 적용하여 실제 납부할 세금은 없다.

2장에서 보았듯이, 세법에서 정한 요건에 부합하면 5년간 50~100%의

(단위: 백만원)

구분	2025년	2026년	2027년	2028년	2029년	2030년	2031년	2032년	2033년	2034년
매출	0	0	100	200	400	800	1,600	2,000	2,500	5,000
비용	100	100	100	100	200	400	800	1,000	1,250	2,500
소득	(100)	(100)	0	100	200	400	800	1,000	1,250	2,500
이월결손금	(100)	(200)	(200)	(100)	0	0	0	0	0	0
과세표준	0	0	0	0	100	400	800	1,000	1,250	2,500
법인세	0	0	0	0	9	56	132	170	217	455
연구원 인원수	1명	1명	1명	1명	2명	2명	2명	3명	3명	4명
연구원 인건비	50	50	50	50	100	100	100	150	150	200
연구개발비 세액공제	12	12	12	12	25	25	25	37	37	50
통합고용 세액공제	14	14	14		14	14	14	14	14	29
누적 세액공제 합계	27	54	81	93	133	172	212	264	316	395
이월세액공제	27	54	81	93	133	172	212	264	229	0
납부할 법인세	0	0	0	0	0	0	0	0	87	146
절세방법	결손	결손	손익분기점	이월결손금 공제	청년창업 세액감면	청년창업 세액감면	청년창업 세액감면	청년창업 세액감면	중소기업특별세액감면/ 이월세액공제적용	이월세액공제 적용
절세금액	0	0	0	0	9	56	132	170	130	308

표 34. 스타트업 법인세 절세 사례

세액감면을 받을 수 있다. 창업자 A씨는 창업 당시 청년이었고 수도권과밀억제권역 외에서 감면 대상 업종으로 창업해서 5년간 100% 감면을 받는다. 5년 감면 기간의 시작 시기는 최초소득이 발생한 시기로, 2028년에 소득이 발생해서 이때부터 5년간이다. 2028년에는 이월결손금이 있기에 세액감면이 아니어도 어차피 낼 세금이 없다. 따라서 이 경우에는 실질적으로 5년간이 아니라 2029년부터 2032년까지 4년간 혜택을 받는다.

2033년에는 청년창업세액감면 100% 혜택이 끝나고 납부할 세금이 나오는 시기다. 이때는 청년창업세액감면 대신 중소기업특별세액감면 20%의 혜택을 받을 수 있다. 또한 기존에 적용받아 이월한 세액공제를 사용할 수 있다. ㈜스타트업은 창업 초기부터 연구개발 전담 부서를 설립하고 연구원을 채용했기에 연구개발비 세액공제를 적용받을 수 있다. 매년 연구원 인건비의 25% 정도를 공제받는다. 또한 근로자수가 지속적으로 늘어났기에 통합고용 세액공제도 받을 수 있다. 수도권에 사업장 소재지가 있고 청년을 채용한 경우 1명당 1,450만 원의 세액공제를 받는다. 또한 통합고용 세액공제는 고용 인원이 줄지 않으면 총 3년간 혜택을 받을 수 있다. 이렇게 2032년까지 사용하지 않고 이월된 세액공액의 합계는 2억 6,400만 원이다. 다만 최저한세 때문에 세액공제를 전액 사용할 수는 없고 일부만 사용하고 남은 세액공제는 2034년으로 이월된다. 2034년에는 매출이 50억 원이 넘어 기업 규모를 충족하지 못해 중소기업특별세액감면 20%의 혜택을 받을 수 없지만, 당해 발생한 세액공제와 이월된 세액공제를 모두 적용하여 납부할 세금을 많이 줄일 수 있다.

이렇게 절세할 수 있었던 것은 세법의 세액공제, 세액감면 규정을 잘 활용한 것도 있지만, 그동안 대표가 통장관리, 증빙 관리 등 세무 관리를 잘한 것도 도움이 되었다. 대표가 관리를 잘했기에 가지급금도 발생하지 않았고, 불필요한 가산세도 납부하지 않을 수 있었다.

법인사업자가 내야 할 세금은 크게 법인세와 부가가치세다. 위에서 말한 절세 방법은 법인세 절세 방법이다. 그렇다면 부가가치세는 어떻게 절세할 수 있을까? 부가가치세는 세금 계산 구조상 절세하기 어렵다. 2장에서 보았듯, 공제가 능한 매입세액이 많아야 부가가치세를 줄일 수 있다. 하지만 ㈜스타트업의 경우는 좀 다르다. 사례에서 ㈜스타트업은 애플리케이션을 구글플레이스토어와 앱스토어를 통해 판매하고 있다. 매출의 80%가 해외 구매자에서 발생하고 20%가 국내 구매자에게서 발생한다고 가정하고 예상 부가가치세를 계산해보았다. 또한 발생한 비용의 50% 정도를 공제 가능한 매입세액으로 가정했다.

(단위: 천원)

구분	2025년	2026년	2027년	2028년	2029년	2030년	2031년	2032년	2033년	2034년
매출세액	0	0	2,000	4,000	8,000	16,000	32,000	40,000	50,000	100,000
매입세액	5,000	5,000	5,000	5,000	10,000	20,000	40,000	50,000	62,500	125,000
납부할 부가가치세	(5,000)	(5,000)	(3,000)	(1,000)	(2,000)	(4,000)	(8,000)	(10,000)	(12,500)	(25,000)

표 35. 스타트업 부가가치세 절세 사례

부가가치세법상 해외 구매자에 대한 매출은 영세율이 적용된다. 영세율은 10%가 아닌 0%의 세율을 적용하므로 납부할 부가가치세가 없다. 따라서 사례의 경우 국내 구매자에 대한 매출에만 부가가치세가 과세된다. 이 경우에는 해외 매출이 더 크기에 오히려 납부할 부가가치세보다 공제받을 매입세액이 커져서 매년 부가가치세 환급이 발생한다.

㈜스타트업의 경우, 10년간 누계를 보면 총매출은 대략 126억 원인데 오

히려 7,500만 원 정도의 부가가치세를 환급받는다. 이렇게 10년간 법인세 부담도 거의 없고 부가가치세 부담도 없다면, 할 만하지 않을까?

06 냈던 세금을 돌려받는 방법

앞에서 스타트업의 절세 사례와 방법을 알아보았다. 세법에 규정된 여러 세액공제, 세액감면들을 활용하여 세금을 많이 줄일 수 있었다. 하지만 세금을 줄일 요건이 안 되는데 무리하게 세액공제, 세액감면을 적용할 수는 없다. 무리하게 탈세했다가 오히려 더 큰 세금폭탄으로 돌아올 수 있다. 따라서 사업을 하며 세금은 반드시 내야 한다. 이렇게 사업을 하면서 납부한 세금이 있다면 돌려받는 방법도 있다. 자금이 부족한 스타트업에는 유용한 정보일 것이다. 실제로 세금을 돌려받으면 그렇게 반가울 수 없다. 세법에는 기존에 냈던 세금을 돌려주는 제도가 있는데, 그동안 세금을 열심히 냈으니 수고했다고 돌려주는 것이 아니다. 기존 세금 신고 시 과세표준을 더 많이 신고했거나 누락된 사항이 있었다면 나중에 이를 제대로 고쳐서 냈던 세금을 돌려받을 수 있는 것이다. 이를 경정청구라 한다. 이와 달리 기존 세금 신고를 고쳐 다시 신고해 세금을 추가로 더 납부하는 것을 수정신고라고 한다. 수정신고 시에는 과거 원래 내야 할 세금보다 덜 냈으니 과소신고 가산세와 납부불성실 가산세의 페널티가 있다. 하지만 경정청구 시에는 원래 내야 할 세금보다 더 낸 것이니 가산세를 납부하지 않는다. 오히려 기존 냈던 세금을 돌려받으며 이자 성격인 환급가산금을 받는다.

경정청구는 과거 5년 내 세금 신고 내역에 대해 신청할 수 있다. 5년이 지난 부분은 돌려받을 권리가 사라진다. 따라서 과거 5년간 냈던 세금이 있었다면 경정청구하여 돌려받을 부분이 있을지 검토해봐야 한다.

경정청구는 법인세, 부가가치세, 소득세 등 모든 세목에서 신청 가능하다. 장부에 사업용 비용 반영을 누락했다든가, 매출을 과다하게 인식했다든가, 세액공제, 세액감면 적용을 누락했다면 경정청구 사유가 된다. 실무적으로 많이 적용하는 부분이 누락된 세액공제, 세액감면을 적용하여 세금을 돌려받는 것이다. 앞에서 보았듯이 세액공제, 세액감면을 적용하면 상당히 많은 세금을 줄일 수 있다. 만약 세액공제, 세액감면의 적용을 놓쳤다면 5년 내로 경정청구를 해야 한다.

경정청구를 신청했다고 무조건 세금을 돌려주는 것은 아니다. 돈을 다시 돌려받는 것이기에 과세관청의 검토와 승인이 필요하다. 따라서 정확한 사유와 근거, 관련 증빙을 잘 준비해서 과세관청에 제출한다. 만약 과세관청의 검토 과정에서 추가 자료 제출을 요청받는다면 역시 잘 준비하여 제출해야 원활히 세금을 돌려받을 수 있다.

많은 사람이 착각하는데, 사업을 몇 년 하면 무조건 돌려받을 세금이 있다고 오해한다. 세금은 경정청구로 돌려받을 수 있고 경정청구는 원래 내야 할 세금보다 더 많이 냈기에 돌려주는 것이다. 따라서 처음부터 세금을 제대로 신고, 납부했다면 돌려받을 세금도 없다. 그러니 환급세액이 나온다고 기뻐할 것은 아니다. 처음부터 제대로 신고할 필요가 있다. 특히 자금이 부족한 스타트업은 불필요하게 세금을 더 많이 내지 않고 그 돈을 사업 자금으로 유용하게 활용하는 편이 낫다.

경정청구로 세금을 돌려받으면 이를 빌미로 세무조사가 나올 수 있다고 오해하지만, 세무 공무원들이 그렇게 한가하지 않다. 세무조사 대상자 선정은 세법과 과세관청 내부 규정에 따라 까다롭게 선정한다. 4장에서 보았듯이, 세무조사 대상자는 탈세 제보나 혐의가 있거나, 성실도 평가를 지속적으로 낮게 받거나, 무작위 추출하는 방법 등으로 선정된다. 또한 경정청구를 해도 충분한 검토 후 돌려줄 이유가 있다고 판단되어야 돌려주므로 세금을 돌려받았다는 이유만으로 보복 차원에서 세무조사가 나오지는 않는다. 다만 경정청구를 심사하는 과정에서 다른 탈세 혐의가 발견된다면 이를 바로잡기 위한 해명 요청 등을 받을 수는 있다.

과거 냈던 세금을 돌려받을 수 있는 또 다른 방법이 있다. 바로 결손금소급공제를 신청하는 것이다. 결손금은 회계상 손실일 때 발생하는데, 세법상 결손금이 발생하면 미래로 이월하고 미래에 소득이 발생했다면 결손금을 공제하여 세금을 줄여주는 역할을 한다. 이를 이월결손금이라고 한다. 세법에서는 결손금을 15년 동안 이월할 수 있다. 그런데 예외적으로 과거로 소급해서 공제할 수 있는 제도도 있다. 이를 결손금소급공제라고 한다. 즉, 전년도에 소득이 발생하여 세금을 냈는데 이번 연도에 결손금이 발생했다면, 미래로 이월시키지 않고 작년에 냈던 세금을 돌려받는 것이다. 결손금소급공제는 바로 직전 연도의 세금에 대해서만 적용할 수 있다. 따라서 소급공제를 신청하여 2년 전에 냈던 세금을 돌려받을 수는 없다.

결손금소급공제는 중소기업에 한해 신청 가능하고, 직전 연도에 냈던 세금이 있어야 하는 것이다. 직전 연도에도 결손이었으면 원칙대로 이월된다. 소급공제를 받기 위해서는 법인세, 종합소득세 신고 기한 내에 세금 신고를 하면서 신청해야 한다. 만약 기한 내로 신청하지 못하면 결손금은 원칙대로 15년간 이월된다. 경정청구처럼 5년 내로 다시 신청한다고 해서 결손금소급공제를 적용할 수 있는 것은 아니다. 결손금소급공제는 선택 사항이다. 물론 결손금을 이월시켜도 되지만, 이왕이면 냈던 세금을 돌려받아 활용할 수 있는 자금을 확보하는 것이 좋다.

07 받을 수 있는 고용 지원 혜택 최대로 활용하기

   ☞ "세무사님, 인건비 부담이 너무 커요. 받을 수 있는 고용 지원금 혜택 좀 알려주세요."

  스타트업 대표들이 자주 묻는 질문이다. 아무래도 지출하는 비용 중 가장 큰 비중을 차지하는 부분이 바로 인건비다. 기술집약적 업종을 영위하는 스타트업의 경우에는 더욱 인건비 비중이 크다. 스타트업의 자금 부족 현상도 많은 부분이 인건비 지출에서 기인한다. 직원을 채용하면 급여뿐 아니라 4대 보험, 퇴직금, 각종 복리후생비까지 많은 비용이 지출된다. 자금 계획, 채용 계획을 꼼꼼히 세워 관리해도 인건비는 늘 부담된다. 또한 사업을 성장시키기 위해서 고용 인원을 줄이기도 쉽지 않을 것이다.

  우리나라는 국가적 차원에서 실업 문제 해결을 위해 기업에 다양한 혜택을 제공하여 고용을 장려하고 있다. 자금이 부족한 스타트업은 이런 혜택을 최대한 활용하는 것이 필요하다. 이런 혜택에는 고용 촉진과 고용 안정을 위해 기업에 장려금, 보조금을 지급하는 경우도 있고, 고용 증대 세액공제처럼 세금을 줄여주는 제도도 있다.

  고용 창출 및 고용 안정, 유지를 위해 고용노동부에서 다양한 지원 제도를 운영하고 있다. 이런 고용 지원 제도는 정책에 따라 매년 규정이 바뀔 수 있다. 따라서 어떤 사업이 시행 중이고 어떤 혜택을 받을 수 있는지 지속적으로 확인해야 한다. 2025년 현재는 고용촉진장려금, 워라밸일자리장려금,

출산육아기고용안정장려금, 고령자고용지원금, 일생활 균형 인프라 구축비 지원 등 매우 다양한 고용 지원 제도가 시행 중이다. 이 중에서 스타트업에 특히 유용한 고용 장려금인 청년일자리도약장려금과 유연근무장려금에 대해 자세히 알아보자.

청년일자리도약장려금

청년일자리도약장려금은 중소기업의 청년 고용을 지원하고, 청년들의 취업을 촉진하기 위해 시행하는 제도다. 스타트업은 청년 근로자를 채용하는 경우가 많으니 이 제도를 활용하면 장려금을 받을 수 있다. 이 장려금은 2가지 유형으로 나누어 지원하고 있다.

첫째, 5인 이상 우선지원대상기업에서 취업애로청년을 정규직으로 채용하고 6개월 이상 고용 유지하면 최장 1년간 최대 720만 원을 지원해준다. 이 장려금을 지급받기 위해서는 우선 1년간 평균 고용보험 피보험자 수가 5인 이상이어야 한다. 다만 지식서비스산업, 미래유망기업, 고용위기지역 소재 기업 등은 5인 미만 기업도 가능하다. 이런 기업이 취업애로청년을 고용해야 지원받을 수 있다. 여기서 취업애로청년이란 4개월 이상의 실업, 고졸 이하 학력, 최종학교 졸업 후 고용보험 가입 기간이 12개월 미만, 자영업 폐업 후 최초 취업, 고용촉진장려금 지급 대상 등 만 15~만 34세인 자를 말한다. 취업애로청년을 6개월 이상 정규직으로 고용하면 매달 60만 원씩 1년간 지원된다. 이 요건에 해당된다면 고용24 www.work24.go.kr에서 기업 소재지를 담당하는 운영기관을 지정하여 신청하면 된다.

둘째, 빈일자리업종의 우선지원대상기업에서 청년을 정규직으로 채용하고 6개월 이상 고용 유지하면 최장 1년간 최대 720만 원을 지원하고, 빈일자리기업에서 18개월 이상 재직한 청년에게 최대 480만 원을 지급한다. 이 장려금 지급 대상은 빈일자리업종이어야 한다. 이런 빈일자리업종에는 제조업, 물류운송업, 보건복지서비스업, 음식점업, 건설업 등이 있다. 이 회사에서 청년을 고용하여 6개월 이상 유지하면 매달 60만 원의 장려금을 1년간 지원받는다. 앞선 제도와의 차이점은 취업애로청년이 아닌 만 15~34세인 청년이면 된다는 것이다. 또한 기업뿐 아니라 18개월 이상 근속 시 청년에게도 최대 480만 원의 장려금이 지급되는 것이 차이점이다.

구분	유형 I	유형 II
지원 대상	취업애로청년을 채용한 5인 이상 우선지원대상기업	기업: 청년을 채용한 제조업 등 빈일자리 업종의 5인 이상 우선지원대상기업 청년: 해당 기업에 취업한 청년
지원 요건	취업애로청년 신규 채용 -실업 기간 4개월 이상 -고졸 등	기업: 청년 신규 채용 청년: 해당 기업에서 신규 채용 후 18개월 이상 재직
지원 내용	신규 채용 청년 1인당 월 최대 60만 원씩 1년간 지원 (최대 720만 원)	기업: 신규채용 청년 1인당 월 최대 60만 원씩 1년간 지원(최대 720만 원) 청년: 18개월, 24개월 근속 시 각각 240만 원(최대 480만 원)
참여 방법	기업이 고용24에서 신청	기업: 기업이 고용24에서 신청 청년: 청년이 18개월 근속 다음 날부터 고용24에서 신청
문의	-사업장 소재지의 운영기관 -고용24에서 청년일자리도약장려금 검색 -국번 없이 1350	

표 36. 2025년 청년일자리도약장려금(출처: 고용노동부)

유연근무장려금

유연근무장려금은 일·생활 균형 문화 확산과 장시간 근로 관행 개선을 지원하기 위한 제도이다. 재택근무, 원격근무, 선택근무, 시차출퇴근의 제도를 시행하는 회사에 장려금을 지원한다. 스타트업의 경우 재택근무나 유연근무제도를 시행하는 곳이 많으니 이런 지원도 받을 수 있다.

시차출퇴근	기존의 소정근로시간을 준수하면서 출퇴근시간을 조정하는 제도
선택근무	1개월(신상품 또는 신기술의 연구개발 업무의 경우에는 3개월) 이내의 정산기간을 평균하여 1주간의 소정근로시간이 40시간을 초과하지 않는 범위에서 근로자가 1주 또는 1일 근무시간을 조정하는 제도
재택근무	근로자가 정보통신기기 등을 활용하여 거주지에 업무공간을 마련하여 근무하는 방식
원격근무	주거지, 출장지 등과 인접한 원격근무용 사무실에서 근무 또는 사무실이 아닌 장소에게 모바일 기기 등을 활용하여 근무하는 방식

표 37. 유연근무장려금 유형(출처: 고용노동부)

지원을 받기 위해서는 일정 요건을 충족해야 한다. 우선 취업 규칙에 해당 제도 도입을 규정해야 하고 주당 소정근로시간 35시간 이상, 40시간 이하를 유지해야 한다. 선택근무의 경우 취업규칙 및 근로자 대표와의 서면 합의서 등 제도 마련해야 한다. 또한 전자, 기계적 방식의 근태 관리를 도입해야 한다. 재택·원격근무의 경우는 재택·원격근무를 했다는 일자별 근로자 동의서도 가능하다. 시차출퇴근은 출·퇴근 시각을 기존 근로계약서상 소정근로시간에서 최소 30분 이상 변경해야 한다.

이 요건에 해당한다면 근로자의 월 단위 유연근무 활용 횟수에 따라 1년간 최대 360만 원 지원육아기는 최대 720만 원 지원을 받는다. 다만 시차출퇴근은 육아기 자녀를 둔 근로자에 한해 지원이 된다. 이 장려금을 지원받기 위해서는 사업계획서를 작성하여 관할 고용센터에 제출 후 심사를 받아야 한다. 승인 후 관할 고용센터에 3개월 단위로 지원금을 신청하면 된다.

유형	근태 관리 기준
재택, 원격근무	재택, 원격근무일에 실제로 재택, 원격근무를 했다는 사실을 증빙할 수 있는 기술적 기록 또는 일자별 근로자 동의서 제출
시차출퇴근	시차출퇴근 활용 이전의 출퇴근 시간 기준으로 최소 30분 이상 변경하여야 하며, 시차출퇴근일에 출근(퇴근) 시각이 근로계약서 등에 소정근로시간으로 명시된 출근(퇴근) 시각에서 30분의 범위를 초과하는 경우 그 해당일에 대해 동 제도를 활용하지 않은 것으로 산정
선택근무	해당 월의 정산 기간을 평균한 1일 소정근로시간을 비교하여 선택근무제를 활용한 1개월간 총 6시간을 단축(단축한 날의 단축 시간을 1시간 이상이어야 함)하여야 하며, 이를 준수하지 않을 경우 해당 월에 대해 동 제도를 활용하지 않은 것으로 산정 -선택근무제는 월 5회 이상 출퇴근 기록이 누락된 경우, 해당 월의 장려금을 지급하지 않음

표 38. 유연근무장려금 근태 관리 기준(출처: 고용노동부)

사회보험료를 지원해주는 제도도 있다. 바로 두루누리 지원 사업이다. 소규모 회사와 근로자에게 국민연금, 고용보험료의 일부를 지원해준다. 근로자 수가 10명 미만인 기업에 고용된 근로자 중 월평균 보수가 270만 원 미만인 신규 가입 근로자와 그 사업주에게 혜택을 제공한다. 신규 채용을 한 경우에 지원되며 지원신청일 직전 1년간 고용보험과 국민연금 자격 취득 이력이 없는 근로자에 대해서만 지원되니 유의해야 한다.

이 요건에 해당되면 고용보험과 국민연금 보험료의 80%에 대해 36개월 동안 지원금을 준다. 고용보험의 경우 근로자는 월 최대 16,560원, 사업주는 월 최대 21,160원까지 지원하며, 국민연금의 경우 근로자와 그 사업주는 각각 월 최대 82,800원까지 지원해준다. 다만 지원 신청일이 속한 보험 연도의 전년도 재산의 과세표준액 합계가 6억 원 이상이거나, 전년도 종합소득이 4,300만 원 이상인 자는 지원이 제외된다.

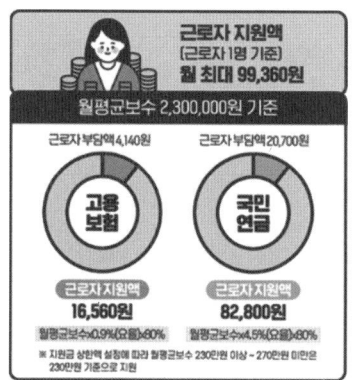

그림 17. 두루누리 지원 사업 소개(출처: https://insurancesupport.or.kr)

두루누리는 4대사회보험 정보연계센터 www.4insure.or.kr 홈페이지나 관할 근로복지공단, 국민연금공단에서 신청 가능하다. 두루누리는 신청한 달부터 지원되고 소급하여 지원되지 않으니 반드시 제때 신청하여야 한다. 이 두루누리 제도도 고용지원제도와 마찬가지로 요건과 혜택이 변동될 수 있다. 따라서 매년 규정을 확인해보는 것이 필요하다.

세법에도 고용증대 세액공제, 고용유지중소기업 세액공제, 사회보험료 세액공제 등 다양한 고용관련 세제 혜택이 있다. 이런 제도는 근로자를 고용한 회사가 받는 혜택이다. 그런데 취업한 근로자가 받는 혜택도 있다. 바로 중소기업취업자 소득세 감면 혜택이다. 이 역시 근로자의 구직활동을 장려하여 고용 문제를 해결하려는 취지다.

중소기업에 취업한 청년, 60세 이상자, 장애인, 경력단절 여성의 경우 회사에서 받는 근로소득에 대해 소득세 감면을 받을 수 있다. 스타트업은 만 15세~34세의 청년을 채용하는 경우가 많으니 취업을 장려하여 간접적으로 혜택을 받을 수 있는 것이다.

소득세 감면을 받기 위해서는 취업한 회사가 중소기업이어야 하고 특정 업종을 영위하지 않아야 한다. 혜택이 제외되는 업종에는 법무·회계·세무 관련 서비스업, 병원, 의원 등의 보건업, 금융 및 보험업 등이 있다. 또한 일용근로자, 임원, 최대 주주와 그 배우자, 국민연금, 건강보험료 납부 사실이 없는 자 등은 지원이 제외된다.

이 요건에 해당되면 연간 200만 원 한도로 소득세의 90%를 5년 동안 감면받을 수 있다. 따라서 취업한 청년 근로자는 5년간 최대 1천만 원의 세제 혜택을 받을 수 있다. 이 혜택을 받기 위해서는 근로자가 '중소기업 취업자 소득세 감면신청서'를 작성하여 회사에 제출하고, 회사는 '중소기업 취업자 소득세 감면명세서'를 세무서에 제출해야 한다.

08 돈이 없어도 동기부여하는 방법
: 스톡옵션 세제 혜택

> "세무사님, 직원을 채용해야 하는데 연봉을 맞춰줄 수 없어서 고민이에요. 어떻게 하죠?"

많은 스타트업 대표가 이를 고민한다. 앞에서 보았듯이 스타트업이 근로자를 채용하면 다양한 고용 지원의 혜택이 있다. 하지만 고용 장려금을 지원받더라도 채용이 어려운 경우도 있다. 우수 인력을 채용하기 위해서는 경쟁력 있는 연봉을 제시해야 하는데, 스타트업의 경우 늘 자금이 부족하기 때문이다. 하지만 얼마나 좋은 팀을 꾸릴 수 있느냐는 때로는 스타트업 투자 유치와도 직결된다. 그렇다고 좋은 팀을 꾸리기 위해 무리하게 연봉을 제안할 수도 없는 노릇이다. 이때 유용한 방법이 스톡그랜트와 스톡옵션을 활용하는 것이다. 어떻게 스톡그랜트와 스톡옵션을 활용할 수 있고 어떤 세제 혜택이 있는지 알아보자.

스톡그랜트는 임직원에게 주식을 그냥 주는 것이고, 스톡옵션은 주식을 일정 금액에 살 수 있는 권리를 주는 것이다. 임직원이 함께 노력하여 회사를 성장시키고 주식 가치를 높이면 더 큰 금전적 보상을 얻을 수 있다. 이렇게 주식을 활용한 보상은 때로는 강력한 동기부여 수단이 된다.

스톡그랜트는 자기주식을 활용하여 임직원에게 무상으로 주식을 주는 것이다. 자기주식은 회사가 발행한 주식을 스스로 보유한 것이다. 예를 들어, 삼성전자가 삼성전자 주식을 보유하고 있는 것이 자기주식이다. 상법상 자기주식은 배당 가능 이익이 있어야 보유할 수 있다. 따라서 초기 스타트업의 경우 이익이 나지 않는다면 자기주식을 보유할 수 없다. 이 경우 임직원에게 무상으로 주식을 주고 싶다면 대표 개인이 보유한 주식을 무상으로 증여해야 한다.

주식매수선택권인 스톡옵션은 현금결제형과 주식교부형으로 나눌 수 있다. 스타트업은 부족한 자금으로 우수 인력을 채용해야 하기에 일반적으로 현금결제형보다 주식교부형 스톡옵션을 더 많이 활용한다. 주식 교부 시 자기주식을 보유하고 있다면 자기주식으로 교부할 수 있겠지만, 역시 초기 스타업은 배당 가능 이익이 없는 경우가 많기에 자기주식보다 신주 발행이 많다. 현금결제형과 주식교부형을 선택할 수 있는 혼합형 스톡옵션을 부여할 수도 있다.

스톡그랜트와는 달리 스톡옵션은 상법 규정의 영향을 받는다. 스톡옵션을 부여하기 위해서는 우선 법인등기와 정관에 관련 규정이 있어야 하고, 주주총회를 열어 특별결의를 해야 한다. 스톡옵션은 상법 규정에 의해 최소 2년 이상의 근속 의무가 따른다. 하지만 스톡그랜트는 근속 의무가 필요 없기에 동기부여 지속성 측면에서 효과가 떨어질 수 있다.

스톡옵션 부여 시에는 과세가 되지 않는다. 추후 현금결제형 스톡옵션을 행사하면 행사 시 시가와 행사가의 차액에 대해 현금 보상을 받을 수 있다. 주식교부형 스톡옵션을 행사하면 계약에 따라 주금을 납입하고 주식을 교부받는다. 일반적으로 스톡옵션 행사 당시의 시가보다 저렴한 가격에 주식을 살 수 있다. 현금으로 받던 주식으로 받던 시가와 행사가의 차이에 대해서는 소득세가 과세된다. 스톡그랜트는 주식을 무상으로 받는 것이기에 역시 세금이 과세된다. 회사 자기주식으로 받으면 근로소득세가, 대표 개인 주식을 무상으로 받으면 증여세가 과세 된다. 이렇게 주식을 보유한 임직원이 추후 주식을 양도하면 양도차익에 대해서는 양도소득세가 과세된다.

구분	스톡옵션	스톡그랜트
근거 법률	상법, 벤처기업법	구체적 규정 없음
부여 방식	신주 발행 자기주식 교부 차액 보상	주식 무상 부여
주금 납입	행사시 납입 필요	불필요
귀속 시기	행사시	부여시
재직 조건	최소 2년 이상	불필요
세제 혜택	다양한 혜택	없음

표 39. 스톡옵션과 스톡그랜트 비교

 스톡그랜트와 스톡옵션은 분명 좋은 동기부여 방법이다. 하지만 스타트업에서 특히 주의할 점이 있다. 이런 주식 보상은 추후의 투자 유치에 영향을 줄 수 있다. 스톡옵션을 많이 부여했다면 스타트업 입장에서 보이지 않는 비용, 즉 부채가 많아지는 것이기에 기업가치평가가 낮아질 수 있다. 또한 추후 스톡옵션 행사로 투자자의 지분이 희석될 수 있어서 투자를 꺼리거나 협상 시 불리하게 작용할 수 있다. 따라서 주식 보상은 현금 보상과 적절히 병행해야 하며 자금이 부족하다고 주식 보상을 남발해서는 안 된다.

 스톡옵션의 좋은 점은 관련 세제 혜택이 크다는 것이다. 스톡옵션을 부여받은 임직원이 권리를 행사하면 주식을 저렴한 가격에 살 수 있다. 스톡옵션을 행사하면 그만큼 이익을 얻는데 그 이익도 소득세로 과세된다. 재직 중에 스톡옵션을 행사했다면 근로소득으로, 퇴직 후 스톡옵션을 행사했다면 기타소득으로 과세된다. 스톡옵션을 행사하면 주식을 보유하는 것이지, 현금으로 실현하는 것은 아니다. 만약 스톡옵션 행사로 당장 큰 세금을 내야 한다면 불가피하게 보유한 주식을 팔아야 할 수도 있다. 이런 폐해를 막기 위해 벤처기업의 경우 다양한 스톡옵션 세제 혜택을 주고 있다. 따라서 스톡옵션 세제 혜택을 받기 위해서는 벤처기업 인증이 필수적이다.

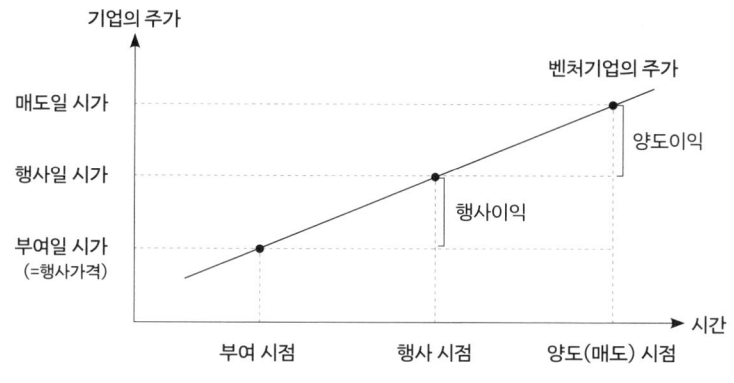

그림 18. 스톡옵션 과세 방법(출처: 벤처확인종합관리시스템)

스톡옵션 행사 이익 비과세

주식 가치가 많이 올랐을 때 스톡옵션을 행사하면 그 이익이 상당히 크고 납부해야 할 세금도 많을 수 있다. 벤처기업 임직원들에게는 스톡옵션 행사 이익에 세제 혜택을 주고 있다. 벤처기업 임직원이 스톡옵션을 행사함으로 얻는 이익에 대해 연간 2억 원 한도로 비과세한다. 비과세 총 누적 금액으로는 5억 원이 한도다. 몇 년에 걸쳐 스톡옵션을 행사하는 경우도 있으니 이렇게 연간 한도와 누적 한도를 정해놓은 것이다. 한도가 있더라도 스톡옵션을 행사하는 입장에서 비과세 혜택은 상당히 큰 혜택이다.

스톡옵션 행사 이익 납부 특례

재직 중 스톡옵션을 행사하면 근로소득세가 과세된다. 벤처기업의 경우 연간 2억 원까지는 비과세 혜택이 있는데, 추가적인 세제 혜택이 또 있다. 비과세 한도를 초과한 부분에 대해서는 원칙대로 소득세가 과세되는데, 이 소득세를 분납할 수 있는 혜택도 있다. 이 납부 특례를 신청한 경우에는 스톡옵션 행사 시 원천징수를 하지 않고 종합소득세 신고 시 5년 동안 소득세를 분납할 수 있다.

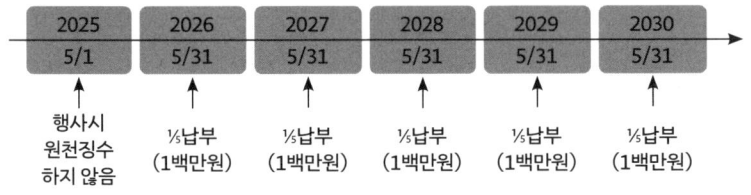

그림 19. 스톡옵션 행사 이익 납부 특례 예시(출처: 국세청)

비과세 혜택과 납부 특례 혜택까지 사용할 수 있으니 벤처기업 임직원의 스톡옵션 세금 부담을 상당히 줄여주는 것이다.

스톡옵션 양도소득세 과세 특례

벤처기업 임직원에 대한 스톡옵션 세제 혜택이 또 있다. 비과세 한도를 초과한 스톡옵션 행사이익에 대해서 근로소득세가 과세되는데, 근로소득세로 과세하지 않고 추후 주식 양도 시 양도소득세로 과세할 수 있게 선택할 수 있다. 근로소득세로 과세되면 기존 연봉에 스톡옵션 행사 이익이 더해지기에 높은 세율을 적용받는다. 비상장주식 양도소득세에 대한 세율은 10~25% 지방소득세 제외이기에 근로소득세보다 비교적 낮은 세율을 적용받을 수 있다. 또한 근로소득으로 과세되면 4대 보험료도 추가 부담하지만 양도소득세에는 4대 보험료가 부과되지 않는다. 이 과세 특례를 적용하기 위해서는 스톡옵션 행사 전에 금융투자업자에게 스톡옵션 전용 계좌를 개설하고, '특례적용신청서' 등을 벤처기업에 제출해야 한다. 또한 스톡옵션 행사로 발행한 주식을 전용 계좌에 보관해야 한다.

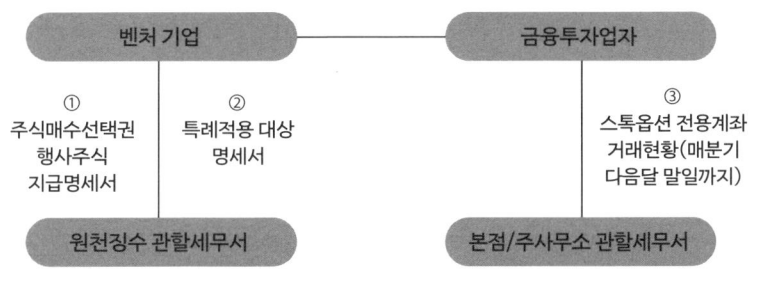

그림 20. 스톡옵션 양도소득세 과세 특례(출처: 국세청)

최근 스톡옵션 외에 성과조건부주식을 통한 보상 방법도 많이 활용하고 있다. 성과조건부주식은 일정한 성과 조건을 달성한 경우 자기주식으로 보상하는 것이다. 선지급인지, 후지급인지에 따라 RSA와 RSU로 나뉜다. RSA는 주식을 선지급하고 성과 조건이 달성되기 전까지 처분이 제한되며, RSU는 계약 시가 아닌 성과 조건 달성 시에 처분 가능한 주식을 지급받는 것이다.

구분	RSA	RSU
부여 방식	자기주식 무상 부여	자기주식 무상 부여
부여 시기	계약 시	성과 등 조건 달성 시
조건 미충족 시	주식 반납	주식 미지급
처분 제한	성과 등 조건 달성 시 처분 가능	부여 즉시 처분 가능
과세 시기	성과 등 조건 달성 시	주식 부여 시

표 40. RSA와 RSU 비교

자기주식은 배당 가능 이익이 있어야 보유 가능하지만, 벤처기업의 경우

배당 가능 이익이 없어도 순자산에서 자본금을 차감한 한도로 자기주식을 취득할 수 있는 특례가 있다. 따라서 배당 가능 이익 없는 스타트업의 경우 스톡옵션보다 성과조건부주식을 활용하는 기회가 생기는 것이다. 성과조건부주식에 관련 사항 역시 스톡옵션과 마찬가지로 정관에 기재하고 법인등기도 필요하다. 성과조건부주식은 자기주식으로 보상하는 것이기에 현금유출이 적고, 투자자의 지분이 희석되지 않는다는 장점이 있다. 하지만 성과 조건 달성을 위해 단기 성과에만 집중하는 폐해가 나타날 수 있다. 또한 임직원 입장에서 스톡옵션에 비해 세제 혜택이 없는 것도 단점이다.